Jobst Bittner

Kindlicher Gehorsam

Der radikale Weg in einer vaterlosen Nation

edition tos

1. Auflage 2002

Umschlaggestaltung: Matthias Kletzsch
Satz: Satz & Medien Wieser, D-Stolberg
Druck: Breklumer Druckerei M. Siegel, D-Breklum

Printed in Germany

ISBN 3-935703-11-2
Bestellnummer 147311

Für kostenlose Informationen über unser umfangreiches Lieferprogramm an christlicher Literatur, Musik und vielem mehr wenden Sie sich bitte an:

ASAPH, D-58478 Lüdenscheid
eMail: asaph@asaph.net – Internet: www.asaph.net

Inhalt

Statements

Mein Vater Rev. Omar Cabrera hatte einen festen Grundsatz – Gehorsam ist Heiligkeit. Ich glaube, er sowie Jobst Bittner haben es verstanden, sowohl den göttlichen Anweisungen gehorsam zu sein, als auch sensibel für die Zeiten zu sein, in denen der Heilige Geist sich bewegt. Das haben wir gesehen, als Gott Jobst Bittner gebrauchte, um in unserem Land die erste nationale Gebetsbewegung mit über 50.000 Menschen freizusetzen. Ich glaube, dass Gott eine Armee aus Männern, Frauen, Jungen und Mädchen bauen will, auf die er seine Kraft und seine Salbung ausgießen kann. Um zu dieser Armee gehören zu können, die die Erde als Erbe einnehmen wird, müssen wir es gelernt haben, uns dem Willen unseres Herrn und Befehlshabers unterzuordnen. Als treue Soldaten machen wir unsere Herzen bereit, nicht nur zu hören, sondern zu *tun*, was unser Herr und Herrscher uns sagt. Dadurch erfüllt sich sein Wort in uns, und selbst wenn Stürme und Regen kommen, ist unser Haus doch auf den festen Grund gebaut.

Rev. Omar Cabrera jr.
Visión de Futuro, Argentinien

Mein Freund Jobst Bittner verfügt über eine Eigenschaft, die das vorliegende Buch so glaubhaft und umsetzbar macht – er strebt selbst danach, Tag für Tag in kindlichem Gehorsam zu leben. Lesen Sie dieses Buch in einer Haltung des Gebets und gestatten Sie dem Heiligen Geist, seinen Finger auf jeden Bereich Ihres Lebens zu legen, der dieser Art von Gehorsam noch widerstrebt. Sie werden es nicht bedauern! Gott ist gerade dabei, die Gemeinde auf eine höhere Ebene der Intimität und Hingabe zu führen. Dieses Buch dient als wichtiger Wegweiser in diese Richtung.

Sergio Scataglini
Autor von „Das Feuer Seiner Heiligkeit", USA

In diesem biblisch fundierten Buch hat Jobst Bittner frische Erkenntnis mit anschaulichen und ehrlichen Beispielen kombiniert, um ganz klar aufzuzeigen, wie uns kindlicher Gehorsam und Glaube in große Freiheit, Freude und Abenteuer führen können, wenn wir nur bereit sind, unserem himmlischen Vater auf all unseren Wegen zu vertrauen.

Es ist ein inspirierendes Buch mit einem weiten Blick und voller tiefgründiger biblischer Wahrheit; es lehrt uns einen neuen Lebensstil, in dem wir den Willen Gottes für unser Leben erkennen und sofort tun. Ich kann dieses Buch nur wärmstens empfehlen.

Beth Alves
Intercessors International, USA

Nicht die Erfolgreichen im Sinn von Reichtum, Karriere, Familie, Begabung und Gesundheit sind die glücklichsten Menschen, die ich auf meinen vielen Reisen um die Welt getroffen habe, sondern diejenigen, die Gott kennen, ihn lieben und die in seinem Willen leben. Gottes Pläne für eine Nation und sich selbst zu entdecken gehört zu den größten Abenteuern und Herausforderungen, die ein Christ erleben kann.

Gottes Absichten, und somit Geschichte segensreich zu gestalten, kann nur durch einfachen und kindlichen Glaubensgehorsam gegenüber Gottes Wort und seinem Geist geschehen.

Möge dieses Buch dazu beitragen, dass unser Land und sogar Nationen in Gottes Willen und geistliche Erneuerung hinein finden.

Walter Heidenreich
Freie Christliche Jugendgemeinschaft, Lüdenscheid

Wir leben in einer Zeit, in der immer mehr geistliche Geheimnisse neu entdeckt und ergriffen werden. Indem wir heimkommen zum Vater und uns IHM wie ein Kind anvertrauen, freut er sich, uns übermäßig beschenken zu können. In seiner

Nähe erkennen wir, dass es nichts Besseres gibt auf dieser Erde, als den Weisungen des Vaters zu folgen. So werden unser Herz und unser Charakter positiv verändert, und Tore der Vollmacht und der Wunder öffnen sich vor uns.

Das Buch von Jobst Bittner zeigt auf, wie wir aus Liebe zum Vater gerne gehorsam werden, wodurch sich eine Welt des Segens und der Autorität vor uns öffnet.

Christoph Häselbarth
Josua Dienst, Strittmatt

Was haben Christen schon versucht, um sich selbst eine paradiesische Umgebung zu schaffen. Man wollte Erweckungsausbrüche und Erfolge importieren. Es entsteht manchmal der Eindruck, dass versucht wird, mit „wie wenig Gott" man maximal viel Paradies bekommen kann.

Der Lichtschalter im Leben eines jeden Christen ist „kindlicher Gehorsam in Gottes Gegenwart"! Dies ist eine himmlische Grundlage und eine Erfahrung, die jeder selbst machen kann und die nicht auf Emotionen aufgebaut ist. Auf dieser Ebene werden wir auch die Resultate erleben, die uns in der Bibel verheißen sind. Um das den Menschen zu vermitteln, gebraucht Gott Menschen wie unseren Freund Jobst Bittner, dessen Herz für diese Sache brennt

Daniel Müller
Missionswerk Karlsruhe

Dank

Das vorliegende Buch wurde vor etwa zwei Jahren geboren, als persönliches Reden Gottes durch ein prophetisches Wort bestätigt wurde. Herzlichen Dank an alle, die geduldig mitgeholfen haben, dieses Buch fertig zu stellen. An erster Stelle stehen hier meine Frau und meine Kinder, direkt danach alle Freunde, die mir in dieser Zeit im Gebet den Rücken freihielten und mich mit praktischer Hilfe begleiteten. Ich widme dieses Buch den geistlichen Vätern und Müttern unserer Nation.

Vorwort von Suzette Hattingh

Ich beobachtete das junge Ehepaar, das mir gegenüber auf dem Sofa saß. Ihre Gesichter waren offen und ehrlich, in ihren Augen blitzte Entschlossenheit und Beständigkeit. Während sich die Diskussion um die Pläne und Programme zur Vorbereitung des kommenden „Marsch für Jesus" drehte, nahm ich ihr ernsthaftes Verlangen wahr, dem Geist Gottes zu folgen und ihm zu gehorchen, koste es, was es wolle. Das war vor mehr als zwölf Jahren. In der Zwischenzeit habe ich sie wesentlich besser kennen gelernt; wir haben zusammen gelacht und geweint, wir haben gefastet und gefeiert, gepredigt und gebetet, aber mehr als alles andere haben wir als Freunde und Mitarbeiter Jesu unser Herz geteilt, die das gemeinsame Ziel haben, das Volk Gottes zu trainieren und die Verlorenen in allen Nationen zu erreichen.

Dieses Buch wird Ihnen helfen, mehr über die Kraft und Autorität von bedingungslosem Gehorsam zu lernen! Das ist etwas, das ich bei Jobst und Charlotte sehr gut beobachten konnte, während der Heilige Geist sie über die Jahre bis ins kleinste Detail in seine Schule nahm! Sie werden mit ihnen lachen und weinen, wenn die beiden aus dem Schatz ihres Geistes erzählen, und Sie werden an ihren Erfahrungen teilhaben, durch die sie ihre Lektionen gelernt haben, und es wird auch sicherlich Ihren Geist entscheidend prägen. Wenn ich über die Jahre zurückblicke, dann kann ich mich an mehrere Gelegenheiten erinnern, bei denen mich ihr sofortiger Gehorsam absolut in Erstaunen versetzt hat. Das Zelt war bis auf den letzten Platz besetzt, und Gott sagte: „Fastet und betet", und sie taten es. Auf den leisen Hinweis des Heiligen Geistes hin, diese Zeit zu verlängern, waren sie sogleich einmütig dazu bereit – sofortiger, kindlicher Gehorsam! Ich war in meinem Geist tief bewegt, als ich beobachten konnte, wie sie in ihrem eigenen Leben und in ihrer Gemeinde eine neue Dimension freisetzten. Das nächste, was ich von ihnen hörte, war, dass Jobst und Charlotte auf dem Weg nach Argentinien, Peru und anderen Nationen waren. Und weshalb? Gott hatte zu ihnen gesagt: „Kümmert euch um die Straßenkinder“, und für die beiden gab es keinerlei Fragen; die Flugtickets wurden gebucht und die Kinderhäuser gebaut. Die Zeit reicht an diesem Punkt nicht aus, um von all den Malen zu berichten, an denen ich das immer und immer wieder beobachten konnte, bis sie wie Ton in der Hand des Töpfers waren, der sie formen und senden kann, wie er es wünscht.

Kein Wunder, dass die Bibel in 1. Samuel 15,22 sagt: „Meinst du, dass der HErr Gefallen habe am Brandopfer und Schlachtopfer gleichwie am Gehorsam gegen die Stimme des HErrn? Siehe, Gehorsam ist besser als Opfer und Aufmerken besser als das Fett von Widdern.“ Ist das nicht genau das, was wir in unserem Land brauchen? Noch mehr als die nächste Veranstaltung oder Konferenz brauchen wir diesen einfachen, kindlichen Gehorsam, der radikalen Glauben freisetzt. Dieses Buch wird Ihnen auf Ihrem Weg des Gehorsam in die neuen Dimensionen Gottes hinein eine ungeheure Hilfe und Inspiration sein.

Suzette Hattingh
Gründerin und Evangelistin von
Voice in the City – Stimme der Stadt

Vorwort

Charlotte und ich gingen Hand in Hand auf einem Bergpfad, wie man ihn in den oberen Regionen der Alpen findet. Der Pfad war nicht gesichert und die Situation wurde immer bedrohlicher. An der Bergseite ging es steil bergan, während es an der Talseite tief hinunterging. Dichter Nebel war aufgezogen, sodass der Weg nicht zu erkennen war. Wir hatten keinen Orientierungspunkt, doch plötzlich sahen wir eine Fußspur, die direkt vor uns wie in den Felsweg eingemeißelt war. Sie war so groß, dass wir unseren nächsten Schritt in sie hineinsetzen konnten, und während wir das taten, erblickten wir den nächsten Fußabdruck. Wir setzen auch dort unseren Fuß vorsichtig hinein. So konnten wir langsam und ohne Gefahr, Schritt für Schritt dem Weg folgen und zum Ziel gelangen.

Als wir noch versuchten, dieses prophetische Bild zu verstehen, wurde es von der Frau des reformierten Pfarrers ausgelegt. Wir befanden uns irgendwo in der Hortobagy Puszta in Ungarn und saßen in einer kleinen Küche des Pfarrhauses. Anfang der siebziger Jahre hatte es in der reformierten Kirche in Ungarn einen charismatischen Aufbruch gegeben, der sehr stark von prophetischen Eindrücken und Worten der Erkenntnis geprägt war. Wir lernten in dieser Zeit wunderbare Menschen kennen. Es waren Pfarrerehepaare irgendwo auf dem Land. Sie hatten die größte Freude, zusammenzukommen und in den Häusern gemeinsam zu beten, in der Bibel zu lesen und ihre prophetischen Offenbarungen über das Wort Gottes auszutauschen. Diese Ehepaare lehrten uns die ersten Kapitel über kindlichen Gehorsam und die völlige Abhängigkeit vom himmlischen Vater.

Das prophetische Bild in der Küche wurde für uns zu einem Lebensbild: „So gefährlich oder unüberschaubar die Situation auch sein mag – folgt Schritt für Schritt den Fußspuren Gottes in kindlichem Gehorsam. Versucht nicht, weiter zu schauen als bis zum nächsten Schritt, und ihr werdet sicher zum Ziel gelangen."

In der heutigen Zeit ist es so eine Sache, etwas über Gehorsam zu schreiben. Wir haben als deutsche Nation mit diesem Wort eine negativ belegte Geschichte und verbinden mit Gehorsam Entmündigung, Missbrauch oder einfach die Einschränkung der persönlichen Freiheit. Dabei gefallen uns die positiven Aspekte eines Vaterbildes viel besser als etwas, womit wir sehr oft negative Erfahrungen mit unserem eigenen Vater verbinden. Auf der Suche nach einer neuen Identität und mit einer unstillbaren Sehnsucht nach Annahme, Liebe und Anerkennung blenden wir die grundlegende Regel im Familienleben Gottes aus: kindlichen Gehorsam.

Sicher, da ist in den letzten Jahren und Jahrzehnten viel schief gegangen. Jüngerschaft wurde falsch gelebt und interpretiert, Christen wurden in ihrer Gemeinde eher unfrei, als dass sie in ihrer Persönlichkeit gefördert wurden, Fehler wurden mit der Forderung nach Gehorsam zugedeckt. Bis heute kämpfen wir mit den Folgen: Die Angst vor Autoritätsmissbrauch lässt bei dem Wort Gehorsam dem Betroffenen einen Schauer den Rücken hinunterlaufen und verbindet es mit dem hierarchischen Denken fundamentalistisch eingestellter Christen. Sie hätten auch tatsächlich Recht, wäre da nicht etwas Entscheidendes wiederzuentdecken. Was von Gott als ein unauflösliches Element seiner Schöpfung eingesetzt war, nämlich das Leben unter seiner Autorität im kindlichen Gehorsam zu führen und gleichzeitig den Schutz und die Geborgenheit des himmlischen Vaters zu genießen, wurde teuflisch geraubt, pervertiert und mit Angst belegt.

Wenn ich Gottes souveräne Führung und die damit verbundenen Segnungen anschaue, sehe ich einen roten Faden. Gott reagiert bei kindlichem Gehorsam wie ein Vater, der sich über sein Kind freut. Gehorsam ohne Liebesbeziehung zum Vater beraubt und führt in die Unfreiheit – kindlicher Gehorsam, eingehüllt in die Vaterliebe Gottes, ist eine Quelle unendlichen Segens, ja, er scheint ein Schlüssel für Segnungen zu sein, die uns anscheinend bis jetzt in großem Maße verschlossen geblieben sind.

Ich möchte Sie ermutigen sich diesem Thema neu zu öffnen und vielleicht Geraubtes neu zu entdecken. Lassen Sie uns versuchen, in diesem Buch den Fußspuren Gottes Schritt für Schritt zu folgen. Sie werden erleben, wie auf diesem Weg die Liebe Gottes vielleicht zum ersten Mal oder aber neu in Ihnen angezündet wird. Es ist ein schmaler Weg, den wir zu gehen haben – aber es ist ein Weg voller Freude, Frucht und neuer Abenteuer!

Einleitung

Willkommen im Paradies! Stellen Sie sich eine Welt vor, in der es weder Luftverschmutzung noch Verkehrschaos, hässliche Gebäude, störenden Lärm oder Verbrechen gibt! Der Garten Eden war unvergleichlich schöner als jeder Werbespot über eine unbekannte, tropische Insel. Es war die perfekte Welt mit wunderbaren Bäumen, Blumen und Wasserfällen, mit singenden Vögeln und atemberaubenden Sonnenauf- und -untergängen. Gott schuf das vollkommene Paradies als eine Liebesgabe für jeden Menschen, um darin zu leben und die Gemeinschaft mit dem Vater zu genießen. Lassen Sie uns zu Beginn des Buches kurz in die Schöpfungsgeschichte hineinschauen. Sie stellt für Sie und mich ein einzigartiges Modell dar und erlaubt uns einen Blick in das Familienleben Gottes.

Niemand anderes als Gott selbst legte alle Facetten seiner Vaterschaft in den Menschen hinein. Er stand Modell und schuf sich im Menschen ein Gegenüber, in dem sich sein Wesen widerspiegelt, seine vollkommene Liebe, Beziehungsfähigkeit und Hingabe, aber ebenso auch seine Autorität und Ordnung. Gott schuf den Menschen „nach seinem Bilde" und machte ihn zu einer Persönlichkeit, die in ihrer Erscheinung und in ihrem Wesen ein Abbild seiner unsichtbaren Majestät sein und sich in ihrer Autorität zu herrschen von der übrigen Schöpfung abheben sollte. Der Vater öffnete seinen Kindern die Ohren und gab ihnen damit die Fähigkeit, auf ihn zu hören. Kindlicher Gehorsam ist in seiner ursprünglichen Bedeutung die vom Schöpfer erworbene Fähigkeit, auf ihn zu hören und in kindlichem Vertrauen seinen Willen zu tun.[1]

„Und Gott schuf den Menschen zu seinem Bilde, zum Bilde Gottes schuf er ihn, und schuf sie als Mann und Weib. Und Gott segnete sie und sprach zu ihnen: Seid fruchtbar und mehrt euch und füllt

die Erde und macht sie euch untertan und herrscht über die Fische im Meer und über die Vögel unter dem Himmel und über das Vieh und über alles Getier, das auf Erden kriecht." (1. Mose 1,27.28)[2]

Nach der Schöpfung führte Gott den Menschen in die grundlegende Familienregel des Reiches Gottes ein. Er machte ihn damit vertraut, dass er als eine Persönlichkeit seinen Auftrag als Verwalter über die Schöpfung nur wahrnehmen kann, wenn es in gehorsamer Unterordnung unter Gott als dem Herrn der Schöpfung erfolgt. Gehorsam gegenüber dem Willen des Vaters ist bis heute sein Modell, wie er sich unsere Beziehung zu ihm gedacht hat. Es ist das Geheimnis des Paradieses, und es ist bis heute gültig!

„*Dein Reich komme, dein Wille geschehe, wie im Himmel, so auf Erden!*" (Matthäus 6,10)

„*Es werden nicht alle, die zu mir sagen: Herr, Herr!, in das Himmelreich kommen, sondern die den Willen tun meines Vaters im Himmel!*" (Matthäus 7,21)

Ich möchte es noch einmal anders sagen: Nur kindlicher Gehorsam kann uns in Harmonie mit Gott bewahren, denn in seiner Familie, in seinem Volk und in seinem Königreich ist sein Wille alleine maßgebend. Wenn ein Mensch sein Leben Jesus übergibt, dann betet er: „Jesus, ab heute bist du mein Herr!" Diese Entscheidung ist wie eine Zäsur, ein Doppelpunkt für sein neues Leben. Er erkennt damit an, dass der himmlische Vater ein Recht hat, Gehorsam von ihm zu erwarten, und nimmt den Willen Gottes als den unveränderlichen Maßstab für buchstäblich alles in seinem Leben an. Aber reicht diese Entscheidung, die irgendwann in seinem Leben getroffen wurde? Nein, keineswegs! Er entscheidet sich für einen neuen Lebensstil, in dem sich seine Liebesbeziehung zum Vater widerspiegelt, ja, er tritt wie ein neugeborenes

Kind in die Familienregel des Reiches Gottes ein. Das geschieht nicht einmal, sondern täglich, stündlich, ja, jeden Augenblick! Der neue Lebensstil ist von einem Wunsch begleitet: Gottes Willen zu erkennen und zu tun. Wer so lebt, betet nicht mehr: „Vater, mir bleibt gar nichts anderes übrig, als deinen Willen zu tun!“ Nein, sein Gebet hat sich in Hingabe und Anbetung verwandelt. Er kommt jeden Tag zu ihm und sagt: „Vater, ich liebe es, deinen Willen zu tun, denn er ist das unsichtbare Band, das mich mit dir verbindet und noch näher an dein Herz zieht!“ Können wir festhalten, dass die Schöpfungsgeschichte Gottes ursprüngliches Modell von einem kindlichen Gehorsam ist? Erkennen wir die Familienregel Gottes, die wie ein göttliches Bindemittel die Schöpfung umfasst und bis heute zusammenhält und zu einer Quelle unendlichen Segens wird?

Wir wissen, wie die Geschichte weitergeht. Durch den Ungehorsam des Einen wurde der kindliche Gehorsam geraubt und vom Teufel pervertiert. Der himmlische Vater hatte seine geliebten Kinder verloren. Das Familienband war zerrissen! Statt in Freiheit unter seiner Herrschaft zu leben, entschied der Mensch, sich in die Zwangsjacke der Sünde stecken zu lassen, und das mit verheerenden Auswirkungen auf sein Leben. Er nannte sie „individuelle Freiheit“ – doch sie hatte ihn seiner Kindschaft beraubt und zum ersten Mal seit der Schöpfung zu einem Waisen gemacht.

„Denn wie durch den Ungehorsam des einen Menschen (d. i. Adam; der Verf.) die Vielen zu Sündern geworden sind, so werden auch durch den Gehorsam des Einen (d. i. Jesus; der Verf.) die Vielen zu Gerechten!“ (Römer 5,19)

Die Vertreibung aus dem Paradies war der Anfang einer Menschheitsgeschichte, die alles verlor, was ihre Beziehung zum Vater ausgemacht hatte. Die Kennzeichen sind bis heute die gleichen: Die unendliche Liebe und Annahme des himmlischen Vaters wichen einem unstillbaren Hunger nach Liebe und Anerkennung. Die Fähigkeit, heile Beziehungen aufzubauen und zu leben, ging für immer verloren. Kain und Abel stehen für die Verzweiflung zerbrochener Familien und Beziehungen, die den Menschen immer mehr in Isolation, Verzweiflung und Einsamkeit trieb! Das Leben unter der Autorität des Vaters wich einem neuen Gesetz der Selbstbestimmung. Hatte der Vater den Menschen nicht unendlich wertvoll gemacht? War es nicht das Kennzeichen des Familienmodells Gottes, dass seine Kinder einfach in seiner Liebe ruhen konnten? Sie waren der Liebe und Annahme ihres Vaters sicher. Und doch – auch das wich einem neuen Gesetz, dem Gesetz des Leistungsdenkens. Es sagt: Je mehr du leistest, desto größer wird die Liebe und Annahme sein, die du bekommen wirst. Die Vertreibung aus dem Garten Eden brachte den Menschen unter den Fluch der Sünde und unter das Joch des Gesetzes. Er wandte sein Herz vom himmlischen Vater ab und verlor alles. Er entschied sich, nicht mehr auf ihn zu hören, sondern anderen Stimmen sein Ohr zu öffnen. Er verlor seine Beziehung zum Vater und wurde zu einem Waisen, und es gab dafür nur einen einzigen Grund: Er entschied sich gegen kindlichen Gehorsam! Hat Gott sich geändert? Sicher nicht! Verstehen Sie nun, warum dieses Thema immer noch die größte Wichtigkeit für unser Leben hat? Warum sollte Ihr Umgang mit kindlichem Gehorsam für Gott auf einmal unwichtig sein? Nein, es ist ihm unendlich wichtig! Kindlicher Gehorsam hat unschätzbare Auswirkungen auf unser Leben!

Aber der himmlische Vater hat nicht aufgehört, seine Hände auszustrecken und seine Kinder zu suchen. Der Heilsplan ist die Geschichte Gottes der Wiederherstellung kindlichen Gehorsams. Kein Gesetz konnte die Beziehung zum Vater wiederherstellen. Gott suchte nur nach einem – und das tut er bis heute: nach einem ungeteilten Herz, das ihn liebt!

„... denn wenn ihr mich von ganzem Herzen suchen werdet, so will ich mich von euch finden lassen, spricht der Herr." (Jeremia 29,13)

„Und ich will ihnen ein anderes Herz geben und einen neuen Geist in sie geben und will das steinerne Herz wegnehmen aus ihrem Leibe und ihnen ein fleischernes Herz geben, damit sie in meinen Geboten wandeln und meine Ordnungen halten und danach tun. Und sie sollen mein Volk sein, und ich will ihr Gott sein." (Hesekiel 11,19.20)

Gott hat in jeden Menschen eine Sehnsucht hineingelegt. Es ist ein Hunger nach Liebe, Schutz und Geborgenheit, den keiner stillen kann. Es gibt nur eine Lösung. Jeder Mensch muss sagen: „Ich habe verkehrt gelebt. Ich will mich wieder aufmachen zum Vater, mein Herz ihm neu ausliefern und von ihm kindlichen Gehorsam lernen."

Wollen wir die ersten Schritte gehen? Ich lade Sie zu einer praktischen Vorbereitung ein.

- Nehmen Sie sich eine Stunde und verbringen Sie diese Zeit im Gebet.
- Notieren Sie sorgfältig jede negative Vorstellung, die Sie mit dem Wort „Gehorsam" verbinden. Vielleicht erinnern Sie sich an schlimme Erfahrungen und Erlebnisse, bei denen Sie verletzt wurden. Niemand kann das ungeschehen machen – aber der himmlische Vater möchte Sie wiederherstellen und heilen!
- Bringen Sie jede Erfahrung wie ein Kind im Gebet zum Vater und liefern Sie sie ihm aus. Versuchen Sie zu vergeben und loszulassen – er wird Ihnen dabei helfen!
- Bitten Sie den himmlischen Vater, Ihr Herz neu für die Segnungen des kindlichen Gehorsams und eines Lebens in völliger Abhängigkeit von ihm zu öffnen!

Anmerkungen

1) Vgl. die Grundbedeutung von „Hören“ und „Gehorsam“ im: Theologischen Begriffslexikon zum Neuen Testament, Bd. 1, Wuppertal 1983, S. 716ff
2) Ich verwende bei den Bibelzitaten in der Regel die revidierte Fassung von Martin Luther, Stuttgart 1984. Eigene Übersetzungen werde ich im Text kennzeichnen.

Kapitel 1

Der bunte Rock

… oder wie der kindliche Gehorsam Ihrem Glauben ein tiefes Fundament geben kann

Meine Bekehrung ist das Ergebnis von Gebeten meiner Teenagerfreunde. Sie luden mich schließlich irgendwann zu einer Evangelisation von Volkhard Spitzer ein. Er predigte über die Ameisen, die sich nicht abhalten lassen, zum Ziel zu kommen, und benutzte das Bild der Spinnen, die immer wieder an der gleichen Stelle das zerstörte Netz aufbauen, als Bild für Treue und Gehorsam im Kleinen. Ich bekehrte mich an diesem Abend noch nicht, aber die erste Predigt meines Lebens habe ich bis heute nicht vergessen: Gott sucht Menschen, die in den kleinen Dingen des Alltags ihm gehorsam sind.

In meinem Elternhaus bekam ich ein dickes Polster an Elternliebe mit auf den Weg. Mein Vater kam nach dem Zweiten Weltkrieg desillusioniert und orientierungslos aus seiner Gefangenschaft in Tennessee/USA zurück und suchte nach neuen Inhalten. Er wurde Zahnarzt und Freimaurer. So wuchs ich in einem humanistisch geprägten Elternhaus in Lüdenscheid auf. Ich erinnere mich, wie mein Vater immer wieder vor uns vier Geschwistern stand und sagte: „Kinder, ihr seid aus der Liebe eurer Eltern entstanden! Zuerst kommt eure Mutter, aber dann sollt ihr wissen, dass ihr erwünscht und geliebt seid und im Zentrum unseres Lebens steht." Mein Vater war eine Persönlichkeit und gewohnt, dass man als Kind tat, was er sagte. So standen von Anfang an in meinem Leben Liebe und Autorität nie in einem Widerspruch.

Der Vater meiner Frau Charlotte wurde als junger Baptistenpastor im Zweiten Weltkrieg nach Russland abkommandiert, und gehörte zu den Überlebenden Stalingrads. Dass er in der russischen Gefangenschaft nach mehr als fünf Jahren überlebte, war mehr als ein Wunder. Rein menschlich war seine Zeit abgelaufen. Er starb an Fleckfieber, und seine Erkennungsmarke sowie alle Habseligkeiten wurden ihm abgenommen, und man legte ihn in eine Leichenkammer. Er wurde, so erzählte er später, von einem Engel abgeholt, der zu ihm sagte: „Es ist noch nicht über deinem Leben entschieden!" Der Engel bewegte dabei seine Lippen nicht, sondern kommunizierte mit ihm in seinem Geist. Nachdem er eine Zeitlang gewartet hatte, kam der Engel zurück und verkündigte ihm, dass sein Dienst auf der Erde noch nicht abgeschlossen wäre. Es durchfuhr seinen Körper wie ein Stromschlag, und er fand sich lebend neben den Leichen anderer Soldaten wieder. Sie können sich den Schrecken seiner Kameraden vorstellen, als er lebendig und vollkommen geheilt aus der Leichenkammer herausspazierte. Sein Leben wurde um genau 40 Jahre verlängert. Gott gebrauchte ihn als Baptistenpastor in Wuppertal, wo er die Erweckungs- und Heilungsbewegung neben Hermann Zaiss[1] erlebte und in seinem Dienst dramatische Heilungen, Befreiungen und Bekehrungen geschahen. Er war ein Mann Gottes und eine Persönlichkeit mit Autorität – und er liebte seine Tochter Charlotte, mit der er nächtelang zusammensaß, um die Fragen eines Teenagers zu beantworten. Daraus erwuchs eine gesunde Persönlichkeit, für die väterliche Autorität und Liebe kein Gegensatz war.

Beide Beispiele erzähle ich, weil sie etwas von dem widerspiegeln, was der himmlische Vater in jedem Leben tun möchte. Er schaut Sie an und sagt: „Du bist mein Lieblingskind! Für dich habe ich einen bunten Rock, den ich dir umlegen möchte. Es ist das Zeichen, dass du für mich etwas ganz Besonderes bist. Es ist der Mantel meiner Liebe, der dich einzigartig macht! Niemand anderes kann diesen Mantel tragen.

Er ist speziell für dich und für dein Leben angefertigt!“ Ich möchte Sie einladen, mit mir eine Geschichte anzuschauen, die mein Leben verändert hat. Sie beginnt in 1. Mose 37.

Ich dachte eigentlich immer, dass Jakob es als Vater nicht richtig gemacht hätte. Jeder, der einigermaßen klaren Verstand hat, muss doch wissen, dass es nicht gut gehen kann, wenn ein Vater seinen Lieblingssohn hat und diesen auch noch mit einem Geschenk besonders auszeichnet. Aber so war es bei Jakob. Er hatte Josef lieber als alle anderen Söhne und schenkte ihm einen bunten Rock. War Jakob nicht selbst schuld, wenn er durch sein unpädagogisches Verhalten den Neid und Zorn der anderen Geschwister erregte?

„Israel aber hatte Josef lieber als alle seine Söhne, weil er der Sohn seines Alters war, und machte ihm einen bunten Rock.“ (1. Mose 37,3)

Ich glaube aber, die Geschichte sagt etwas anderes. Josef steht für jeden Menschen, der eine Liebesbeziehung zum Vater hat. Er war das Lieblingskind, so wie Sie und ich das Lieblingskind des himmlischen Vaters sind. Er erhielt den bunten Rock als ein Zeichen seiner Liebe. Er war speziell für ihn angefertigt, niemand sonst konnte ihn tragen. Und Josef trug ihn nicht aus Arroganz oder Stolz, sondern wie ein Kind, das genau weiß, es hat etwas sehr Wertvolles von seinem Vater erhalten: „Schaut her, hier ist der bunte Mantel, den mein Vater für mich hat anfertigen lassen!“ Wenn Josef seinen Mantel trug, sah er nicht mehr aus wie die anderen. Die Farben waren strahlend bunt, und jedermann bemerkte es und schaute sofort hin, wenn Josef in einen Raum kam. Kein Wunder, dass die Brüder neidisch reagierten! „Wir wussten es schon lange“, tuschelten sie, wenn sie ihren Bruder sahen, „Josef möchte etwas Besonderes sein!“ Aber sein Mantel war nichts anderes als das Kennzeichen der Liebe des Vaters. Ich bin davon überzeugt, er versinnbildlicht prophetisch mit seinen Farben, was der Vater in seiner Liebe für uns getan hat.

„Seht, welch eine Liebe hat uns der Vater erwiesen, dass wir Kinder Gottes sein sollen – und wir sind es auch! Darum kennt uns die Welt nicht; denn sie kennt ihn nicht.“ (1. Johannes 3,1)

Vielleicht konnte man in dem Mantel die Farben der Rettung, Heilung und Wiederherstellung wiederfinden – auf jeden Fall: Es war das für jedermann sichtbare Kennzeichen der Liebesbeziehung zum Vater. Wer dem himmlischen Vater in seiner Liebe begegnet, wird für immer von ihm gekennzeichnet sein. Haben Sie schon einmal darüber nachgedacht? Haben Sie den bunten Rock schon übergezogen? Viele Christen sind noch nicht zum Vater heimgekommen und haben seinen bunten Rock noch nicht empfangen. Es geht ihnen wie den Christen in der Gemeinde von Laodizea. Sie hatten das Feuer der Liebe Gottes in sich, aber irgendwann wurde diese Flamme kleiner und ihre Liebe zu Gott lauwarm. Es sind Christen, die sagen: „Ich habe alles, was ich brauche!“, und doch gehören sie zu den bedauernswertesten aller Menschen. Sie haben ihre geistlichen Reichtümer verloren, ihre Augen können die Liebe Gottes nicht mehr erkennen, sie fühlen sich schutzlos, sind „arm, blind und bloß“ (Offenbarung 3,17). Er hat den bunten Rock speziell für Sie gefertigt und auf Ihr persönliches Leben zugeschnitten. Sie sind sein Lieblingskind, und er hat für Sie einen Mantel, den kein anderer Mensch für Sie anziehen kann!

Aber Achtung, es gibt Mantelräuber, Menschen, die es nicht ertragen können, dass Sie die Kennzeichen seiner Liebe tragen! Sie kommen zu Ihnen und verdächtigen Sie, etwas Besonderes sein zu wollen. Sie werden auf Ihre Niederlagen und Versagen zeigen und sagen, dass Ihr Leben den bunten Rock nicht wert ist. Es findet ein Kampf in der geistlichen Welt statt. Dem Teufel gefällt es überhaupt nicht, wenn Sie diesen Mantel tragen! „Hänge ihn doch einfach zurück in den Schrank", flüstert er in die Gedanken, „komm, sei nicht so stolz und denke, dass du etwas Besonderes wärst! Schau auf dein Versagen, da ist doch nichts, was wirklich liebenswert wäre! Sei nicht so abgehoben zu denken, das Lieblingskind des Vaters zu sein!" Hängen Sie Ihren Mantel nicht wieder zurück in den Schrank!!

Josef verlor seinen bunten Rock! Würde hier die Geschichte enden, hätten wir das Wichtigste in diesem Kapitel nicht gelernt. Denn Josefs Problem war nicht der bunte Rock, sondern die fehlende Bereitschaft, kleine Gehorsamsschritte zu gehen. Wen wundert es, dass seine Brüder ihn für einen „Traumtänzer" hielten? Sie sollten ihm, der oft noch nicht einmal bereit war, sich die Hände schmutzig zu machen, irgendwann einmal dienen? Wer sollte ihn denn ernst nehmen?

Mitte der siebziger Jahre tauchten in Lüdenscheid Leute auf, die mich faszinierten. Es waren ehemalige Drogenabhängige, die mit langen Haaren, Bärten und schlabberigen Kleidern herumliefen, einen anlächelten und sagten: „Smile, Jesus loves you!" An allen Ecken evangelisierten sie und erzählten von Jesus, wie er sie freigemacht hatte. Es waren die Ausläufer der Jesus-People-Bewegung, die in dieser Zeit nach Deutschland hineinschwappte und mit Macht in die Szene der Drogenfreaks hineinbrach. Diese ehemaligen Freaks hatten etwas, was ich nicht kannte, und das faszinierte mich: Feuer für Jesus! Sie nahmen andere Drogenabhängige in ihrem Wohnzimmer auf, und schließlich wurde ihnen von der evangelischen Kreuzkirche in Lüdenscheid für eine D-Mark der Wiedenhof übereignet, in dem in den Anfängen der FCJG[2] die Drogen-Rehabilitationsarbeit entstand. In den ersten Gottesdiensten der FCJG, die noch in einer Pfingstgemeinde stattfanden, konnte man zuweilen die Klänge einer indischen Sitar[3] hören. In jede Veranstaltung ging ich mit klopfendem Herzen, denn ich wusste, dass Gott mir begegnen und mich verändern wollte. Wichtige geistliche Impulse gab es durch die Pfarrer der evangelischen Kreuzkirche, ganz besonders durch Reiner Edel, der Seminare und Segnungsgottesdienste durchführte. Ich war in eine Baptistengemeinde eingebunden, in der Gott mich etwas Wichtiges lehrte: Es gibt bei Gott keine geistlichen Senkrechtstarter! Je tiefer wir unser Fundament gründen, desto höher kann Gott in unserem Leben bauen! Ich sah in dieser Zeit, wie viele Christen nach einem furiosen geistlichen Start einfach von Gott weggingen. Manche fielen in ihr altes, sündiges Leben zurück oder wurden in ihrer Beziehung zu Jesus lauwarm und zogen es vor, in einem „bürgerlichen Christentum", so wie wir es nannten, zu leben. Da gab es geistliche Vorbilder, die von Gott als Evangelisten und Seminarlehrer stark gebraucht wurden, und plötzlich fanden sie sich wieder in Ehebruch, verließen ihre Frauen, und ihre Drogenvergangenheit holte sie wieder ein.

In den dreißig Jahren meines Christseins habe ich viele „Senkrechtstarter" kommen und auch wieder von Gott weggehen sehen! Es gab zu viele Pastoren, Leiter und Mitarbeiter, die von Gott anscheinend vollmächtig gebraucht wurden und dann enttäuscht, ausgebrannt und leer irgendwo auf der Strecke blieben. Irgendetwas war falsch gelaufen! Sie hatten den Mantel der Liebe Gottes umgehängt bekommen – aber dann verloren sie ihn und fanden ihn nie wieder! Auch Josef verlor seinen Mantel. Sein geistliches Leben und Handeln passten nicht zusammen. Er musste unter dramatischen Umständen Gehorsam lernen und stieg schließlich auf zu einem Vater einer ganzen Nation.

Was sind das für kleine Gehorsamsschritte? Kindlicher Gehorsam fängt immer mit der Treue im Kleinen an!

„*Wer in den unbedeutendsten und geringfügigsten Dingen treu ist, der ist auch im Großen treu; und wer in den kleinsten Dingen ungerecht ist, der ist auch im Großen ungerecht.*" (Lukas 16,10)[4]

Charlotte und ich wollten die Pläne Gottes für unser Leben ergründen. Und so klinkten wir uns aus allen Silvesterfeierlichkeiten aus und entschieden uns, diese Nacht im Gebet zu verbringen. Wir wollten herausfinden, was die gewaltigen Berufungen, Visionen und Pläne Gottes für uns sind. Während es um uns knallte und die Silvesterböller in den Himmel geschickt wurden, knieten zwei junge Menschen Anfang Zwanzig nebeneinander und dachten, dass der Herr ihnen zur Belohnung für ihre Hingabe einen gewaltigen Dienst anvertrauen würde. Wir beteten, und ich glaube, dass der himmlische Vater uns lächelnd anschaute und zu den Engeln sagte: „Kommt, wir wollen sie nicht im Stich lassen und ihnen sagen, was ihr Leben wirklich verändert!" Er sprach in dieser Nacht zu uns, sehr leise, aber unüberhörbar und sagte: „Meine Kinder, das Einzige, was ich von euch möchte, ist, dass ihr euer Leben vor mir niederlegt und in allem, worum ich euch bitte, verfügbar seid." Charlotte wollte Medizin studieren und ich selber konnte mir vorstellen, die zahnmedizinische Ahnenreihe meiner Vorfahren fortzusetzen. Durch diese Silvesternacht hatte unser Leben einen völlig anderen Verlauf genommen. Gott erwartete von uns nicht die großen Dinge, sondern bat uns, bei den unbedeutenden, scheinbar geringfügigen Dingen treu zu sein. Viele Menschen bleiben an diesem Punkt stehen oder versuchen, ihn zu überspringen, und verpassen es, ein tiefes und stabiles Fundament für ihr geistliches Haus zu bauen.

Kindlicher Gehorsam ist keine Theorie, sondern äußerst praktisch! Hier einige Punkte, die Ihr Leben verändern und Ihnen ein stabiles Fundament geben können.

1. Seien Sie treu mit Ihrer täglichen Zeit mit Gott!

Manchmal wundere ich mich und stelle fest, dass eine Vielzahl von Christen es nicht gelernt hat, jeden Tag im Gebet und Bibelstudium eine feste Zeit mit Gott zu verbringen. Sie holen sich ihre geistlichen Notrationen in Gottesdiensten oder auf Konferenzen, und dabei wartet der Herr jeden Tag darauf, ihnen frisches, lebendiges Brot zu geben. Beten wir nicht: „Herr, dir gehört mein ganzes Leben!"? Fangen wir doch mit einer Stunde an! Suchen Sie sich einen ruhigen Platz in Ihrem Haus und machen Sie ihn zu einem Ort der Begegnung mit dem himmlischen Vater!

Ich bin dankbar, dass ich es am Anfang meines Christseins lernte, „Stille Zeit" zu machen, wie wir es damals nannten. Freunde lehrten mich einen Satz, der mir zu einer eisernen Ration meines Christseins wurde: „Ein lebendiger Christ macht täglich seine ‚Stille Zeit'." Könnte es sein, dass die größten und wunderbarsten Segnungen des Vaters in Ihrem Leben zurückgehalten werden, weil Sie an diesem Punkt nicht treu sind? Gott wartet auf Sie und sehnt sich danach, mit Ihnen Gemeinschaft zu haben!

2. Seien Sie treu darin, Ihr Leben vor Gott in Ordnung zu bringen!

Viele Christen entscheiden sich irgendwann einmal für die Nachfolge Jesu und denken, dass sich ihr Leben mit einer einmaligen Bitte um Vergebung ändern würde. Weit gefehlt! Wir müssen wissen, dass es kein geistliches Fundament bei einem Christen geben kann, wenn er nicht bereit ist, sein Leben und sein Gewissen vor Gott von Sünde zu reinigen und unter die Vergebung und Gnade Jesu zu bringen.

„Bleibe in deinem Glauben fest, und bewahre dir ein reines Gewissen. Denn wie du weißt, haben einige das nicht getan, und deshalb hat ihr Glaube Schiffbruch erlitten." (1. Timotheus 1,19)[5]

Als ich diese Botschaft zum ersten Mal hörte, trieb es mich innerlich um. Ich sollte die ganzen Sünden und die Schuld meines Lebens benennen und sie zu Jesus hinbringen und ihn um Vergebung bitten? Wir nannten das Lebensbeichte, und sie wurde zu einem Schlüssel für unser geistliches Leben.[6] In den dreißig Jahren meines Christseins habe ich eines beobachtet: Nahezu jeder, der bereit war, sein Leben vor einem Pastor, Seelsorger oder einer Person seines Vertrauens vor Gott ins Licht zu bringen, wurde zu einem stabilen Christen, den Gott wunderbar gebrauchen konnte. Verborgene Sünden holen Sie immer wieder ein. Sie sind wie Ungeziefer, das das Fundament des Gebäudes zerfrisst und dann zerstört.

„Wenn wir aber unsere Sünde bekennen, so ist er treu und gerecht, dass er uns die Sünde vergibt und reinigt uns von aller Ungerechtigkeit.“ (1. Johannes 1,9)

Ein reines Gewissen vor Gott und anderen Menschen hat der, der bereit ist, zum anderen hinzugehen, um Vergebung zu bitten und seine Sünde wiedergutzumachen. Wiedergutmachung ist die praktische Seite von Buße und Vergebung; man kann sogar sagen, dass Vergebung erst durch sie „aktiviert“ wird. Es ist der Schritt vom Lippenbekenntnis zur sichtbar werdenden Umkehr. Als Zachäus vor den Herrn trat und sich festmachte, Wiedergutmachung zu leisten, war das für Jesus so wichtig, dass er sagte: „Heute ist diesem Haus Heil widerfahren.“ (Lukas 19,9). Johannes der Täufer ermahnte die Menschen „rechtschaffene Früchte der Buße zu bringen.“ (Lukas 3,8)[7]

Ich erinnere mich an ein Osterseminar von „Jugend mit einer Mission“ Ende der siebziger Jahre in Lüdenscheid im Wiedenhof. Teams wurden in sozial schwache Gebiete ausgesandt. Obdachlose, Arme und einfach auch Interessierte luden wir abends zu einem „Fest zur Ehre Gottes“ ein und bewirteten sie festlich. Aber mich bewegte etwas ganz anderes. In diesem Seminar hatte der Herr zu mir über meine falsche Arbeitshaltung gesprochen. Ich machte damals eine Lehre als Schreiner und aus Enttäuschung darüber, dass ich sie nicht abkürzen konnte, hatte ich rebelliert und war innerlich aus meinem Arbeitsverhältnis ausgestiegen. Was sollte ich damit machen? So konnte ich es nicht laufen lassen! Mir wurde es innerlich immer ungemütlicher, denn ich wusste genau, was ich jetzt tun sollte: Ohne Zweifel, der Herr fragte mich, ob ich bereit war, zu meinem Chef zu gehen, um ihn um Vergebung zu bitten. Ich kämpfte zwei Tage, drei Tage und argumentierte innerlich, warum es wohl besser wäre, es sein zu lassen. Aber kein Argument sticht gegen das Reden Gottes, so dass ich kapitulierte und bereit war, einfach das zu tun, worum mich der himmlische Vater bat. Gott lehrte mich die ersten Schritte kindlichen Gehorsams. Wenn wir es verpassen, die kleinen Schritte zu gehen, werden wir irgendwann einmal Gottes Schulklasse wiederholen müssen. Also fuhr ich zu meinem Chef, klingelte an seiner Wohnungstür und bat ihn um Vergebung. Es war eine sehr nüchterne Angelegenheit, aber ich hatte ausgeräumt, was zwischen mir und dem himmlischen Vater stand.

Ich möchte Sie ermutigen, Ihre Beziehungen in allen Bereichen Ihres Lebens in Ordnung zu bringen, sei es gegenüber Gott oder in Ihrer Familie, bei Freunden, an Ihrem Arbeitsplatz, in der Gemeinde oder gegenüber der Obrigkeit. Gehen Sie hin, beugen Sie sich und bitten Sie um Vergebung, ganz gleich, was die Ursache auch gewesen sein mag. Gehen Sie Schritte der Wiedergutmachung. Bitten Sie um Vergebung, wo Sie andere verletzt haben oder gehen Sie einmal durch Ihr Haus oder Ihre Wohnung, und überprüfen Sie einfach einmal, ob alles in Ihrem Haus wirklich Ihnen gehört. Kindlicher Gehorsam heißt, selbst in den kleinsten Dingen treu zu sein.

3. Seien Sie treu in Ihrer Gemeinde!

In der Gemeindegründungsbewegung der 80er und 90er Jahre haben die neuen Gemeinden sich leider einen Virus eingefangen, der nur sehr schwer auszukurieren ist. Es ist der Virus des Individualismus, und damit meine ich, dass sich der

Christ in dem „geistlichen Supermarkt" der Angebote die Gemeinde aussucht, die ihm passend und seiner Persönlichkeit und seinem Frömmigkeitsstil gemäß zu sein scheint. Ich bin dankbar für meine baptistische Prägung, die mich lehrte, unabhängig von der Gemeindesituation dort treu meinen Platz auszufüllen. Wir müssen wissen, dass die Gemeinde kein „Robinsonclub" auf dem charismatischen Abenteuerspielplatz ist, wo ich in den sonnigen Tagen meines Christseins von Animateuren zu immer neuen geistlichen Fitnessübungen aufgefordert werde. Nein, die Gemeinde sind die „Herausgerufenen", keine Organisation, sondern ein Organismus; es ist der Leib Christi, der viel mehr ist als einfach die Summe seiner Mitglieder: Es ist die Gemeinschaft der „Heiligen", die unter dem Haupt Jesus Christus in Verbindlichkeit zusammenleben und unter seinen göttlichen Ordnungen zur Familie Gottes berufen sind. Wenn wir ehrlich sind, entstanden in den 80ern und 90ern viele neue Gemeinden aus Fehlhaltungen, die bis heute noch nicht korrigiert wurden. Der Virus des Individualismus wird nur verschwinden, wenn wir hier unsere Beziehungen in Ordnung bringen und bereinigen.

Ich weiß noch, wie wir als „Charismatiker" ein Gespräch mit unserer Ältestenschaft in Lüdenscheid hatten. Es gefiel ihnen nicht so gut, dass wir in die neuen Gottesdienste der FCJG gingen. Also, was tun? Wir wurden kritisiert, teilweise sogar misstrauisch beäugt. Aber wir hatten etwas sehr Wertvolles von einer der ersten Jüngerschafts-Schulen in Schloss Hurlach bei München von „Jugend mit einer Mission" gelernt. Bei der Aussendung der Schüler hatte der damalige Leiter etwas Entscheidendes gesagt: „Shut up and serve!" – „Halte deinen Mund und diene!" Wir entschieden uns, eben das zu tun, und übernahmen den Dienst, Stühle zu stellen und nach dem Gottesdienst den Kaffee zuzubereiten. Wo wir dienen konnten, versuchten wir es zu tun. Und etwas Interessantes geschah – der Älteste, der uns am meisten zugesetzt hatte, kam eines Tages auf uns zu, schüttelte uns die Hand und sagte, wie sehr es sein Herz berühren würde, dass wir diese Dinge taten. Wir lernten in dieser Gemeinde, unter der Autorität von Pastoren und Ältesten zu leben, obwohl sie oft selber ihr geistliches Amt nicht in solcher Weise verstanden. 1982 führte uns der Weg nach Tübingen. Es war uns von Anfang an klar, dass es nicht einfach nur die Stadt war, in der wir studieren würden. Es war der Weg in unseren Dienst. Bis heute ist mir kostbar, dass der damalige Pastor und die Ältesten der Gemeinde uns im letzten Gottesdienst in Lüdenscheid die Hände auflegten und uns nach Tübingen zum Dienst aussandten. Das Wort, das sie uns mit auf den Weg gaben, war prophetisch und hat uns seitdem begleitet:

„Seid nicht träge in dem, was ihr tun sollt. Seid brennend im Geist! Dient dem Herrn.“ (Römer 12,11)

4. Seien Sie ein treuer Diener!

Viele Menschen dienen in der Gemeinde, aber zu Hause oder an ihrem Arbeitsplatz sind sie sich selbst der Nächste. Treue im Kleinen heißt, in den für uns oft so unbedeutenden, unwesentlichen Dingen, zu Hause, in meiner Familie, meinen Kindern oder meinen Eltern, in meinem nächsten Umfeld zu dienen und zu schauen, was sie nötig haben. Ein Diener lernt, sich selbst hintenanzustellen und andere hochzuheben. Ein Diener sieht die Nöte des anderen, bevor der sie sagt, und versucht, ihnen abzuhelfen. Ist jemand bereit, zu einem Diener zu werden, so wird in ihm wie selbstverständlich der Charakter Jesu sichtbar.

5. Seien Sie treu, das Zeugnis Ihres Glaubens anderen Menschen weiterzusagen!

Auch das gehörte zu den Anfangslektionen, die ich in der ersten Schulklasse Gottes lernen sollte. Als ich Christ wurde, warf man mich ins Wasser: „Lerne, dich so oft wie möglich zu

Jesus als deinem Herrn zu bekennen, und du wirst eine erstaunliche Erfahrung machen – er wird sich zu dir stellen und segnen, was du tust!" Ich bin bis heute dem Herrn für diese Herausforderung dankbar, denn sie entspricht exakt dem, was Jesus von uns als Christen erwartet!

„*Wer mich nun bekennt vor den Menschen, den will ich auch bekennen vor meinem himmlischen Vater.*" (Matthäus 10,32)

Mein erstes Bekenntnis zu Jesus war zu zeigen, dass ich in der Bibel lese. Zuerst schämte ich mich und dachte, dass andere über mich lachen würden – aber dann, und das war mein erster und für mich gewaltiger Schritt, legte ich, wo ich auch war, meine Bibel öffentlich hin, so dass man sehen konnte, dass ich zu diesen „naiven, bibelgläubigen Christen" gehöre. Aber das war noch nicht genug. Es gab ein Straßenevangelisationsteam in Lüdenscheid, das von zwei jungen Leuten geleitet wurde, die meine ersten evangelistischen Gehversuche prägten. Der eine hieß Rainer. Er lief meistens mit einem rosa Strickhöschen und einer Baskenkappe herum und sah irgendwie cool aus. Er konnte mit jedem irgendwie ins Gespräch kommen, hatte immer Traktate dabei und ganz gleich, wo er sich aufhielt, sprach er über Jesus. Sein Freund, Hans, war ein Globetrotter. Wenn er nicht gerade in Amerika oder Israel herumreiste, machte er die Straßen in Lüdenscheid unsicher und evangelisierte, wo er konnte. Ich war erschrocken über seine Kühnheit und gleichzeitig fasziniert von dem kindlichen Gehorsam, wie sie zu jeder Zeit oder Unzeit einfach Jesus verkündigten. Es war in der Disco, in der sie nach der harmlosen Bitte, ob sie etwas sagen dürften, das Mikrofon in die Hand bekamen und einfach anfingen zu predigen und die erstaunten Discobesucher zu Jesus riefen, oder es war auch in einer der Kneipen, in denen uns der Bierdunst wie eine Nebelwolke einhüllte und es uns zur Begrüßung von den Betrunkenen entgegenschallte: „Da kommt Jesus in die Kneipe!“ Und irgendwie hatten sie ja auch Recht!

Rainer und Hans leiteten an jedem Samstagmorgen ein Stadtevangelisationsteam, zu dem sie Charlotte und mich einluden. Wir sagten zu, aber es fiel uns doch sehr schwer. An jedem Samstag beteten wir, dass es regnen und die Straßenevangelisation ausfallen würde, und tatsächlich – meistens regnete es, was in Lüdenscheid übrigens nichts Besonderes ist. Aber Regen hin oder her, Rainer, der Leiter des Teams, bestimmte: „Heute gehen wir raus. Gott möchte an diesem Tag ganz besondere Wunder tun, ihr werdet schon sehen!“ So standen wir also zu zehnt oder zwölft, mit einer Gitarre und einem Megaphon, genannt Flüstertüte, auf der Straße, und je mehr wir sangen und anbeteten, desto heftiger regnete es. Die Menschen stellten sich unter den Sonnenmarkisen der Geschäfte unter und hörten uns zu, etwas anderes blieb ihnen ja auch nicht übrig. Ich erinnere mich, wie Hans die Hände hochhob und mit der Donnerstimme eines Elias betete: „Ich gebiete dem Regen, dass er weichen soll. Herr, ich danke dir, dass es jetzt aufhört zu regnen!“ Leider funktionierte es nicht so ganz und es regnete noch mehr. Ich versteckte mich hinter einem Baum in der Hoffnung, dass niemand vorbeikäme, um mich zu sehen, aber dann erkannte Hans wohl mein evangelistisches Potential, drückte mir die Flüstertüte in die Hand und sagte: „Jetzt predige du!“ Jetzt sind ja Sauerländer sowieso schon dafür bekannt, so zu reden, als ob sie eine Kartoffel verschluckt hätten – aber ich fühlte mich nicht nur, als ob eine Kartoffel, sondern gleich ein ganzer Kartoffelsack auf einmal in meinem Hals stecken würde! Irgendwie brachte ich stammelnd einige Sätze heraus. Ich kann meine Hand sicher nicht dafür ins Feuer legen, ob sie irgendetwas mit dem Evangelium zu tun hatten. Es war wahrlich keine Glanzleistung der Evangelisation, aber Gott sah meine Treue. Jahre später haben wir gesehen, wie durch unsere Evangelisationen, Einsätze und Versöhnungswanderungen Tausende zu Jesus kamen und bisher zwölf Gemeinden gegründet wurden. Jesus sieht nicht auf unsere Fähigkeiten, sondern auf unsere Bereitschaft, im Kleinen treu zu sein. Sind wir dazu bereit, legt er seine Hand auf unser Leben. Gott bittet uns immer wieder und testet, ob wir mitmachen. Sehr oft hatte ich dazu keine Lust, aber ich tat es dennoch in kindlichem Gehorsam. Kindlicher Gehorsam ist nicht abhängig von unseren Gefühlen. Es ist unsere nüchterne Entscheidung, das zu tun, was der Vater möchte, ganz einfach, weil wir ihn lieben.

Denken wir noch einmal an Josef, der es verpasste, die kleinen Schritte des Gehorsams zu gehen und der seinen bunten Rock verlor. Er landete im Gefängnis und konnte erst dort seine Lektionen lernen. Vielen Menschen geht es ähnlich. Sie bleiben in ihrem Leben an einem Punkt wie innerlich verschlossen stehen, weil sie diese wichtige Lektion nicht gelernt haben. Aber es gibt eine gute Botschaft – es ist nie zu spät! Fangen Sie einfach an und überprüfen Sie einmal im Gebet, ob Sie die ersten Schritte des kindlichen Gehorsams schon gegangen sind. Schreiben Sie alles auf einen Zettel auf, was Ihnen wichtig wurde; das war für mich immer eine große Hilfe.

Vielleicht haben Sie wie Josef Ihren bunten Rock verloren. Denken Sie daran: Sie sind wie Josef für Gott einzigartig, etwas Besonderes, ja sein Lieblingskind! Der himmlische Vater hat für Sie einen bunten Rock! Er will Sie mit seiner Liebe kennzeichnen und Ihrem Glauben ein stabiles Fundament geben.

Anmerkungen

1) Hermann Zaiss war Gründer der „Gemeinde der Christen – Ecclesia“.
2) „FCJG“ ist die Freie Christliche Jugendgemeinschaft.
3) Die Sitar ist ein nordindisches Musikinstrument.
4) eigene Übersetzung
5) eigene Übersetzung

6) Die Beichte gehört zur ureigensten evangelischen Praxis, die wieder neu entdeckt werden sollte. Martin Luther hat zeitlebens gebeichtet, zeitweilig sogar täglich. Er schreibt im Großen Katechismus folgende bemerkenswerte Sätze: „Bist du ein Christ, so bedarfst du weder meines Zwanges, noch des Papstes Gebot, sondern wirst dich wohl selbst zwingen und mich darum bitten, dass du solches mögst teilhaftig werden. Willst du aber die Beichte verachten und so stolz ungebeichtet hingehen, so schließen wir das Urteil, dass du kein Christ bist und auch des Sakraments nicht sollst genießen. Denn du verachtest, was kein Christ verachten soll, und machest damit, dass du keine Vergebung der Sünden haben kannst; und ist ein gewisses Zeichen, dass du auch das Evangelium verachtest."
7) Ich empfehle dazu sehr das wichtige Büchlein von Eckhard Neumann, Lebensbeichte und Lebensbereinigung, Verlag Josua, Berlin 2000.

Kapitel 2

Vom Waisen zum Erben

… oder wie Sie durch die Adoption des Vaters Ihre Angst vor dem kindlichen Gehorsam verlieren

Seien Sie ehrlich. Gehören Sie nicht auch zu den Skeptikern, wenn es um das Thema Gehorsam geht? Wie reagieren Sie, wenn jemand sagt, er habe die Stimme Gottes gehört und müsse jetzt gehorsam sein? Ist der nicht ein bisschen abgehoben und fern jeder Realität? Gilt es jetzt nicht, vorsichtig zu reagieren und erst einmal alles genau abzuklopfen? Sicher ist das richtig, denn wir dürfen mit diesem Thema nicht leichtfertig umgehen.

Kindlicher Gehorsam ist eine sehr wichtige Seite des Glaubens, aber auch eine sehr schwierige! Normalerweise widerstrebt bei diesem Thema im Menschen alles und er reagiert wie allergisch. Vielleicht hat er in seiner Vergangenheit leidvolle Erfahrungen gemacht, aber das ist nicht die eigentliche Ursache. Nein, er ist wie falsch programmiert, in ihm sind Gene, die ihn, ob er es will oder nicht, in falscher Weise reagieren lassen.

Ein Blick in die Bibel zeigt uns, wie wichtig Gott dieses Thema ist. Gehorsam hatte nach dem Schöpfungsplan Gottes für den Menschen nichts Einschränkendes oder gar Bedrohliches. Adam und Eva freuten sich auf den himmlischen Vater, und wenn sie ihn hörten, sprangen sie wie Kinder auf ihn zu, tollten und spielten mit ihm. Wenn er sie um etwas bat, taten sie es gerne mit ihrem ganzen Herzen, denn Gehorsam hatte für sie nichts Erschreckendes, sondern war wie eine liebevolle

Umarmung oder ein besonders wertvolles Geschenk, einfach nur ein Ausdruck ihrer Liebe.

Aber es gab in der Menschheitsgeschichte eine Zäsur. Die größte Katastrophe der Menschheit begann mit Ungehorsam. Von da an rief der himmlische Vater, und alles war anders. Wenn Menschen seine Stimme hörten, erschraken sie und versteckten sich wie Adam und Eva. Von nun an fürchteten sie sich vor etwas, was vorher ein Ausdruck ihrer Liebe war: ihrem Herrn und Schöpfer kindlich gehorsam zu sein. Ihre Unabhängigkeitserklärung von Gott hatte sie unweigerlich ihrer Kindschaft beraubt und für immer in Fesseln der Furcht gefangen und von einer anderen Autorität abhängig gemacht. Gott rief sie immer wieder, aber der Mensch hat seitdem etwas in seinen Genen, das er selber nicht wieder loswerden kann. Die Sünde des Ungehorsams wird er nicht los und er schleppt sie wie eine todbringende Krankheit von Anfang an mit sich herum.

„Denn gleich wie durch des einen Menschen Ungehorsam viele Sünder geworden sind, also werden auch durch den Gehorsam des Einen viele Gerechte." (Römer 5,19)

Natürlich gibt das kaum jemand zu. Deswegen will ich das Ganze ein wenig anders beschreiben: Vielen erscheint die Forderung Gottes, von ihm abhängig und im Gehorsam zu leben, einfach zu hoch. Deswegen übersehen sie sie lieber und tun nur das, was ihnen selbst, oder im Zweifelsfall ihren Mitmenschen, richtig erscheint. Selbst wenn sie versuchen moralisch rechtschaffen zu leben, sind doch ihr Verhältnis und ihre Beziehung zu Gott durch eine Unwilligkeit gekennzeichnet. Sie empfinden die Gebote Gottes eher als belastend und einengend, ja, es sind ihnen zu viele und sie sind zu schwer zu halten. Sie suchen für sich Zwischenwege oder Ruhepausen, oder sie schütteln einfach das „Gesetzliche" von sich ab, denn sie denken, dass sie moralische Forderungen zu erfüllen hätten, die wie ein Joch auf ihnen liegen. Denselben unwilligen Geist findet man auch bei vielen, die versuchen, als Christen zu leben. Sie empfinden es als anstrengend zu beten, täglich in der Bibel zu lesen oder einfach die ersten Glaubensschritte des Gehorsams, wie ich sie im vorherigen Kapitel des Buches beschrieb, zu gehen. Werden im Gespräch geistliche Fragen berührt, reagieren sie oft gereizt oder einfach gelangweilt, bis ein anderes Gesprächsthema gefunden wurde. Vor jeder Übertreibung haben sie Angst und meiden ängstlich alles, was aus der von ihnen für richtig erachteten Norm herausragt. Sie möchten gerne maßvoll leben. Mancher verschanzt sich in dem selbstgebauten Gebäude seiner Moralvorstellungen oder den aus seinen Erfahrungen gewonnenen christlichen Anschauungen und kämpft mit Vehemenz, wenn ihn darin jemand in Frage stellt. Irgendwie ist es kennzeichnend für ihn, dass er sich Gott gegenüber sehr sicher und überlegen fühlt und er oft seine eignen Auffassungen für sicherer und zuverlässiger hält als das Wort Gottes. Irgendwie glaubt er, in seinem Unwillen und Widerstand gegen Gott im Recht zu sein, ist er doch in seinen eigenen Wegen wie blind, weit weg vom himmlischen Vater, innerlich leer und verarmt und ohne den Schutz und die Geborgenheit des Vaters, wie nackt und bloß! Er hat seine Kindschaft verloren! Es gibt für ihn nur eine Lösung – die Adoption durch den himmlischen Vater!

„*Als wir unmündig waren, waren wir unter den Mächten der Welt versklavt. Als aber die Zeit erfüllt war, sandte Gott seinen Sohn, geboren von einer Frau und unter das Gesetz getan, damit er die, die unter dem Gesetz waren, freikauft, damit wir die Adoption empfingen.*" (Galater 4, 3-5)[1]

Wir wollen uns nun einige Merkmale ansehen, die darauf hinweisen, dass wir noch nicht wirklich zu Hause bei unserem himmlischen Vater angekommen sind. Nur bei ihm können wir unseren Unwillen und Widerstand gegen kindlichen Gehorsam eintauschen und sagen: „Vater, hier bin ich! Ich lege meine Widerspenstigkeit vor dir nieder. Ich brauche sie nicht mehr!" Dann werden Sie nie wieder „Nein" sagen, wenn Gott Sie um etwas bittet, auch wenn Sie es nicht nachvollziehen oder verstehen können. Es wird Ihr größtes Vorrecht sein, seinen Willen zu tun und ohne Angst völlig abhängig von ihm zu leben!

Was sind nun die Kennzeichen bei Christen, die eigentlich mit dem kleinsten Bruchteil dessen zufrieden sind, was ihnen der himmlische Vater verheißen hat?

„Brutkastenchristen"

Kennen Sie Brutkastenchristen? Ich war selbst so jemand. Ich lebte über zwei Jahre in einer Gemeinde und fühlte mich wie ein Fremdkörper. Wenn andere etwas von einer Begegnung mit Gott erzählten, war es, als ob sie eine Sprache sprechen würden, die ich nicht verstehen konnte. Natürlich hatte ich eine Entscheidung für die Nachfolge Jesu getroffen, ging in den Gottesdienst und arbeitete schon in manchen Bereichen mit, aber gleichzeitig hatte ich meine „geistlichen Hilfskonstruktionen" entwickelt, mit denen ich mit der Zeit auch ganz gut klarkam. Mein Leben wurde von Äußerlichkeiten bestimmt. Da war der Gottesdienst, die Gemeinschaft, das Seminar, die Anbetungsmusik, die gemeinsame Aktion, und man könnte diese Liste beliebig verlängern. Waren die äußeren Umstände für meine Gefühle akzeptabel und zufrieden stellend, dann ging es mir auch „geistlich gut". Ich war von den Umständen abhängig und lebte von den Beziehungen zu anderen Menschen – aber nicht von meiner persönlichen Beziehung zu Gott. Ich beobachte, dass es vielen Menschen ähnlich geht. Keiner sieht es ihnen an, aber sie haben ihren geistlichen „Brutkasten" noch nie verlassen und hatten noch nie eine wirkliche Begegnung mit Gott. Anscheinend sind sie bis jetzt nicht wirklich in den Armen ihres himmlischen Vaters gelandet und haben ihre Bedürfnisse viel zu lange von anderen Quellen als alleine bei Gott gestillt. Bei Gott gibt es keine Brutkastenchristen. Nur eine persönliche Begegnung mit ihm und die Offenbarung seiner Vaterschaft werden Sie, wie mich, aus Ihrer Isolation herausholen und Ihnen Gewissheit und Identität geben.

„Uhrwerk-Christen"

Warum kann man manche Christen mit einer Uhr vergleichen? Erinnern Sie sich noch an die Uhren, die unsere Eltern oder Großeltern auf ihrem Wohnzimmerschrank stehen hatten? Sie hatten ein Uhrwerk, das immer wieder ablief und langsamer wurde, und zog man sie nicht wieder auf, blieben sie stehen. Sind Sie solchen Christen schon einmal begegnet oder gehören Sie gar selber dazu? Sie gehen in Konferenzen oder besuchen gesegnete Gottesdienste und gehen mit guten Vorsätzen erfüllt nach Hause. Sie wollen jetzt mit voller Kraft alles tun, was Sie bisher versäumt haben. Voller Begeisterung sind Sie dabei und dienen Gott mit größtem Eifer. „Ich werde ab heute nur noch den Willen Gottes tun!", sagen Sie, doch langsam, mit der Zeit, kühlt sich Ihr Eifer wieder ab. Sie sind, wie mit einem Schlüssel, der mehrmals umgedreht wird, aufgezogen worden, und genauso sicher laufen Sie ab und bleiben nach kurzer Zeit wieder stehen. Uhrwerkschristen brauchen immer wieder neue Motivation. Sie laufen mit Freude los und wollen aus tiefster Überzeugung Gott von ganzen Herzen gehorsam sein, aber sie verpassen es, eine eigene Liebesbeziehung zu ihm aufzubauen. Ihre Quellen versiegen immer wieder aufs Neue. Sie sind wie Pfeile, die abgeschossen werden und irgendwann wieder auf den Boden fallen. Die Absichten des himmlischen Vaters sind völlig anders: Er möchte, dass „wir auffahren mit Flügeln wie Adler, dass wir laufen und nicht müde werden, dass wir wandeln und nicht matt werden." (Jesaja 40, 31)

„Vorschrift-Christen"

Viele Christen begehen denselben Fehler wie Kinder, die Schreiben lernen. Ich weiß noch, man überreichte uns Musterhefte, in denen es vier Linien gab, wobei die oberste und unterste exakt berührt werden mussten. Hielten wir die oberste Linie im Auge, war es uns meist gelungen ziemlich gute Buchstaben zu malen. Für mich war jedoch als Schüler der Kugelschreiber die Entdeckung. Man konnte den lästigen Füllfederhalter weglegen und mit dem Schreiben ging es wesentlich schneller. Meine Frau meint, an den Folgen hätten bis heute alle zu leiden, die meine Schrift lesen müssten. Auf jeden Fall war die Folge, dass wir die oberste Linie nicht mehr beachteten und unsere eigenen Linien zogen. Anstatt dass die Schrift besser wurde, verschlechterte sie sich zusehends. Viele Christen machen es ebenso. Das Leben Jesu ist die oberste Linie, die wir im Auge behalten sollten. Jesus gibt keinen Tugendkatalog oder geistliche Straßenverkehrsordnung heraus, er sagt einfach nur: „Lebt wie ich!" Das Leben Jesu ist die oberste Linie, die viele zuerst beachten und dann im Laufe der Zeit aus dem Auge verlieren. Eigene Erfahrungen oder Lebensbilder bekannter Christen können nie unser Maßstab sein. Das höchste Ziel des himmlischen Vaters ist, dass wir seinem Sohn immer ähnlicher werden, denn „wen Gott nämlich auserwählt hat, der ist nach seinem Willen auch dazu bestimmt, seinem Sohn ähnlich zu werden, dem ersten unter vielen Brüdern!" (Römer 8,29)[2]

„Erstickte Christen"

Kennen Sie den Geruch verbrauchter Schlafzimmerluft? Vielleicht wurde vergessen, das Fenster aufzumachen, und die Rollläden sind luftdicht heruntergelassen worden. Und jetzt wachen Sie auf, schnappen nach Luft und der Geschmack in Ihrem Mund ist so, als ob Sie die ganze Nacht über ein Stückchen Fisch zwischen den Zähnen gehabt hätten. Sie ziehen schnell die Rollläden hoch, reißen das Fenster auf und lassen frische Luft hinein, froh, dem Geruch der vergangenen Nacht entronnen zu sein.

Viele Christen leben in so einer Art geistlicher Erstickung, weil sie irgendwann die Rollläden heruntergelassen und die Fenster ihres Herzens zum Himmel hin luftdicht verschlossen haben. Wie oft beobachte ich Christen, bei denen man spürt, dass irgendetwas nicht in Ordnung ist. Sie scheinen in ihrer Aktivität vorne dran zu sein, und doch haben sie irgendwie ihre Lebendigkeit verloren. Ihr Christsein scheint ohne Freude, Kraft und Energie, und ihre geistliche Luft, die jeder Christ zum Atmen braucht, wie verloren gegangen zu sein. Wie ein Kind fortwährend atmen muss und frische Luft braucht, wenn es gesund und kräftig werden soll, ebenso muss ein Kind Gottes im Geist leben und unaufhörlich die Liebe Gottes atmen. Ein offenes Fenster zu haben bedeutet, meinen Willen Gott völlig unterzuordnen und mein Herz ungeteilt auf ihn auszurichten. Ich suche in täglicher Anbetung und Gebet die Gemeinschaft des Vaters und genieße es, in seiner Gegenwart zu sein. Ein offenes Fenster zu haben heißt aber auch: Ich fange an, für andere transparent und durchsichtig zu leben, und höre mit jeder geistlichen Schauspielerei auf.

Möchten Sie die Rollläden, die Sie vielleicht irgendwann heruntergelassen haben, nicht wieder heraufziehen? Vielleicht haben Sie sich aus Angst hinter ihnen verschanzt. Oder es war in Ihnen ein innerer Widerstand, und Sie gehören zu den Menschen, die vielleicht immer wieder zu den Wegen Gottes „Nein“ gesagt haben. Vielleicht waren Sie einfach von sich selbst oder von anderen Menschen enttäuscht, und Sie blieben in der Nachfolge auf halbem Wege stehen. Was auch immer der Grund gewesen sein mag, bitte denken Sie daran – es lohnt sich nicht, auf frische Luft zu verzichten! Warum öffnen Sie nicht Ihre Fenster und lassen den frischen Wind des Heiligen Geistes herein? Er hat ein Ziel – er will Sie gemeinsam mit Jesus zum Vater führen und Ihre Adoption arrangieren. Deswegen schreibt Paulus:

„Denn alle, die sich vom Geist Gottes leiten lassen, sind Gottes Kinder. Denn der Geist, den ihr jetzt empfangen habt, ist kein Geist der Sklaverei, der euch wiederum in Bindungen der Furcht gefangen hält, sondern ihr habt den Geist der Adoption empfangen, (d. h. den Geist, der Kindschaft hervorbringt), indem wir rufen: Abba, lieber Vater!" (Römer 8,14.15)[3]

Die Adoption des Vaters

Um nachzuvollziehen, was Paulus mit „Adoption" wirklich meint, müssen wir verstehen, was hinter seinem Denken steht. Paulus war ein römischer Bürger, der mit den Regeln und Riten seines Kulturkreises bestens vertraut war. Unser Denken ist von unserem sozialen Umfeld und unserer Kultur geprägt, und natürlich ging es Paulus genauso. Versetzen wir uns also einmal nach Rom in die Zeit um 50 nach Christi Geburt.

Wir stellen uns den römischen Bürger Gaius und seine Frau vor. Sie sind wohlhabende Leute und haben einen Haushalt, zu dem auch Sklaven gehören, die sie für viel Geld erworben haben, damit sie als ihre Hausbediensteten tätig sind. Zu ihrem Glück fehlt nur ein Nachkomme, der auch nach über fünf Jahren wohl nicht mehr zu erwarten ist. Keinen Nachkommen zu haben war in der damaligen Zeit eine Katastrophe. Der Familienname wurde auf immer ausgelöscht, es sei denn, man hatte einen Sohn. Gaius und seine Frau haben nur eine Chance: Sie müssen einen Sohn adoptieren. So schauen sie sich zuerst in ihrem eigenen Haushalt um und stoßen auf ihre Sklaven. Es ist eine Familie mit, sagen wir, drei Söhnen und einer Tochter. Der jüngste Sohn gefällt ihnen und sie möchten ihn adoptieren. Gaius spricht den Vater, nennen wir ihn Brutus, an, fragt ihn, ob er den Sohn zur

Adoption freigibt, und handelt einen Kaufpreis aus. Papa Brutus ist einverstanden und stimmt ohne Zögern zu.

Ich weiß nicht, wie Sie reagieren würden, aber auf den ersten Blick fand ich diese Geschichte lieblos. Warum hatte Papa Brutus zugestimmt? Es gab drei Gründe: 1. weil sein Sohn dadurch ein freier Mann wurde; 2. weil sein Sohn das gesamte Erbe des Hausherrn empfing; und 3. weil alle Schulden des Jungen mit einem Mal erloschen waren!

Die Adoption fand nicht in einem rechtsfreien Raum statt, sondern es mussten genaue Schritte und Regeln beachtet werden. Nach der Zustimmung von Papa Brutus gingen sie also gemeinsam zur römischen Verwaltung und trugen ihr Anliegen vor. Dann musste der natürliche Vater dem neuen Vater unter strenger Beobachtung des Magistrats seinen Sohn offiziell übergeben. Dieses musste dreimal geschehen. Nach der dritten Übergabe des Sohnes übergab der neue Vater den offiziellen Kaufpreis. Eine laute Stimme verkündete die offizielle Erklärung des römischen Magistrats: „Der Junge ist jetzt als Sohn adoptiert!" Mit dieser Erklärung war der Sohn jetzt legal unter eine neue Autorität gekommen. Können wir diesen Vorgang nachvollziehen? Vorher war er unter der väterlichen Autorität als Sklave, aber jetzt hatte er einen neuen Stand. Er war durch seine Adoption unter eine neue väterliche Autorität gekommen. Er war frei – und war gleichzeitig zum Erben geworden! Die Adoption war keine lieblose oder gar hartherzige Handlung! Einem Jungen ohne Privilegien und Möglichkeiten, unter einem Joch der Sklaverei ohne Hoffnung und Zukunft, werden die vollen Rechte eines wohlhabenden Sohnes gegeben!

Paulus hatte dieses Bild vor Augen als er in Galater 4,4 u. 5 und in Römer 8,14 u. 15 über die Adoption des Vaters als einen Befreiungsakt von der Sklaverei der Finsternis sprach. Er sagt darin mit anderen Worten: Wen der himmlische Vater als sein Kind adoptiert, der kommt unter eine neue väterliche Autorität. Vorher waren Sie unter einer falschen Vaterschaft, unter der „väterlichen Autorität“ Satans, des Vaters der Lüge. Sie konnten machen, was Sie wollten, Sie waren von ihm versklavt, und er hielt Sie mit Bindungen der Furcht gefangen (Galater 4,5)! Hier ist jeder Gehorsam furchteinflößend, Angst machend, ja eine Bindung der Furcht! Es ist ein Joch der Sklaverei, das den Menschen seiner Persönlichkeit beraubt und in völlige Abhängigkeit bringt. Gehorsam ohne die Liebe und Adoption des himmlischen Vaters nimmt immer gefangen, verletzt und führt zu Zerstörung und Tod – die Adoption des Vaters aber führt zu einer Kindschaft unter einer neuen Autorität, wo Sie sich in Freiheit aus Liebe für ein Leben im kindlichen Gehorsam entscheiden können. Wie aber kann ich vom himmlischen Vater adoptiert werden? Wir wollen uns die Schritte noch einmal genau anschauen.

1. Der Vater hat sich entschieden, Sie zu adoptieren.

Wir müssen verstehen, dass kein Mensch von sich selbst aus zu Gott kommen kann, es sei denn, es zieht ihn der Heilige Geist. Als der himmlische Vater Sie auswählte, hat er keinen Zufallstreffer gelandet. Er ging auch nicht an die Ladentheke eines Schlussverkaufs und angelte sich mit Ihnen die billigste Ware aus der Kruschtelkiste der Sonderangebote. Er sagte: „Ich wähle das Beste aus!“ Und das sind Sie! Der himmlische Vater hat Sie gesehen und konnte nicht widerstehen! Sicher zeigt er gerade auf Sie und ruft: „Seht, den Leser dieses Buches – den nehmen wir, oder keinen!“ Sie sind vom himmlischen Vater für die Adoption auserwählt!

„Es kann niemand zu mir kommen, es sei denn, ihn ziehe der Vater.“
(Johannes 6,44)

2. Ihre Adoption ist bezahlt! Sie sind freigekauft durch das Blut Jesu.

Die meisten Menschen wollen immer noch für ihre Adoption bezahlen. Sie wollen die Geldscheine ihrer Leistung oder guten Werke an der Kasse der himmlischen Verwaltung abgeben und glauben, sich so die Liebe und Adoption des himmlischen Vaters erkaufen zu können. Aber was die Menschen auch bringen, es ist für ihn ohne Wert. Rechtschaffenheit, religiöse Anstrengungen und Klimmzüge, eine soziale Einstellung oder „das Herz auf dem rechten Fleck zu haben" – kein Kaufpreis ist so hoch, als dass er die Adoption bezahlen könnte. Es gibt nur einen Preis, um Sie und mich aus der Sklaverei der Finsternis freizukaufen! Jesus, der geliebte und einzige Sohn des Vaters, starb für Sie und mich am Kreuz von Golgatha und bezahlte mit seinem Blut den einzigen im Universum gültigen Preis. Er tauschte sein Leben und seine Kindschaft ein – damit Sie adoptiert vom himmlischen Vater unter seiner neuen Autorität leben und Gottes Kind sein können!

„Denn ihr wisst, dass ihr nicht mit vergänglichem Silber oder Gold erlöst seid von eurem nichtigen Wandel nach der Väter Weise, sondern mit dem teuren Blut Christi als eines unschuldigen und unbefleckten Lammes." (1. Petrus 1,18)

3. Sie haben die Fesseln der Furcht und Versklavung hinter sich gelassen.

Es gibt Christen, die leben immer noch in ihren alten Fesseln. Sie werden durch ihre Vergangenheit gefangen gehalten, und ihre Verletzungen und negativen Erfahrungen mit ihrem eigenen Vaterhaus binden sie mit ihren Erinnerungen und Gefühlen wie einen Sklaven fest. Sie leben, ohne es zu wollen, unter der falschen Autorität des Vaters der Lüge, der immer wieder Misstrauen in ihre Gedanken einimpft und sie das Negative von Gott und Menschen erwarten lässt. Kommen Sie zum Kreuz und legen Sie dort die Fesseln Ihrer Vergangenheit nieder. Die Fesseln der Angst vor der Autorität des himmlischen Vaters haben sich schon geöffnet. Sie sind frei, um in die Arme des Vaters zu laufen!

„*Der auch seinen eigenen Sohn nicht verschont hat, sondern hat ihn für uns alle dahingeben – wie sollte er uns mit ihm nicht alles schenken?*" (Römer 8,32)

4. Sie kommen neu unter seine rechtmäßige väterliche Autorität.

Der Vater lief dem heimkommenden Sohn mit weit ausgestreckten Armen entgegen. Der Sohn war tot, aber jetzt war er wieder lebendig geworden. Seine Geschichte in Lukas 15,11-32 ist ein Bild für die Adoption des Vaters. Der Sohn machte sich auf und kam neu unter die Autorität des Vaters, aber sie war ganz anders, als er sie sich vorgestellt hatte. Er wollte als Tagelöhner, als Befehlsempfänger, der für seine Arbeit geringen Lohn bekam, für den Vater arbeiten. Er dachte noch in den Kategorien der vergangenen Zeit, als er meinte frei zu sein, aber doch versklavt war in Finsternis. Der Vater hatte schon so lange auf ihn gewartet! Und als er seinen Sohn in die Arme schloss und küsste, da wurde unhörbar, aber mit einer ungemein größeren Autorität als bei dem römischen Ritus, im geistlichen Raum eine Erklärung abgegeben, die für alle Engel, Mächte und Gewalten, für Gegenwärtiges und Zukünftiges, Hohes und Tiefes unanfechtbar war: „Dieser Junge ist als mein Sohn eingesetzt und adoptiert!" Und so schnell er konnte, übergab er ihm die vollen Rechte seiner Sohnschaft. Der Sohn wollte frei sein – und endete als Knecht. Er kam zurück unter die väterliche Autorität und wurde frei! Was für eine Geschichte! Mich hält nichts mehr zurück, in seine Arme zu laufen! Geht es Ihnen ebenfalls so? Dann lassen Sie uns Zeit mit ihm verbringen. Investieren Sie mehr als nur einige Minuten Gebet. Halten Sie inne und gehen Sie mit mir einige Gebetsschritte in die Abhängigkeit zum Vater. Der Heilige Geist wird Ihnen dabei helfen, denn er ist der Geist der Adoption, der Sie direkt zum himmlischen Vater bringt!

„Denn ich bin gewiss, dass weder Tod noch Leben, weder Engel noch Mächte noch Gewalten, weder Gegenwärtiges noch Zukünftiges, weder Hohes noch Tiefes noch eine andere Kreatur uns scheiden kann von der Liebe Gottes, die in Christus Jesu ist, unserem Herrn!“ (Römer 8,38.39)

Anbetung und Dank
Sagen Sie dem Vater, dass Sie zu ihm heimkommen möchten, und bitten Sie den Heiligen Geist, Ihnen zu helfen.

Bitte um Vergebung
Vielleicht haben Sie falsch gelebt und entdecken nun, dass Sie noch unter dem Joch der Sklaverei und unter einer falschen Autorität sind. Schreiben Sie diese Kennzeichen auf. Bringen Sie ihm ihr Misstrauen und alle Ängste, die Sie mit falscher Vaterschaft und Autorität verbinden, und legen Sie diese vor dem Kreuz nieder. Gibt es Situationen, in denen Sie wie widerstrebend und unwillig gegenüber Gottes Willen und seinen Führungen waren? Bitten Sie Jesus um Vergebung für Ihre falschen Haltungen oder Reaktionen. Bitte denken Sie daran: Nur was wir aufdecken, kann sein Blut zudecken!

Heilung der Erinnerungen
Vielleicht kommen in Ihnen schmerzende Erinnerungen und Verletzungen der Vergangenheit zum Vorschein. Es sind diese Fesseln der Furcht, die sich nur öffnen können, wenn Sie bereit sind, über diesen Situationen Vergebung und Freilassung

auszusprechen. Tun Sie es so detailliert wie möglich. Nur so können Sie diese Tür hinter sich verschließen.

Hingabe

Kommen Sie im Gebet zurück unter die Autorität des himmlischen Vaters. Er hat sich entschieden, Sie zu adoptieren. Liefern Sie ihm Ihr Leben neu aus und legen Sie sich vertrauensvoll in seine Hände. Erlauben Sie ihm zu bitten, worum er will, und erklären Sie Ihre Bereitschaft, es mit kindlichem Gehorsam einfach zu tun!

Gemeinschaft

Bitte laufen Sie noch nicht weg! Der himmlische Vater möchte Ihnen einfach zeigen, dass er Sie ausgewählt hat und Sie sein Lieblingskind sind. Er möchte Ihnen eine Begegnung mit ihm und eine besondere Offenbarung seiner Liebe geben. Er sehnt sich danach, mit Ihnen Gemeinschaft zu haben. Die größte Liebeserklärung eines Kindes ist es, einfach mit dem Vater zusammen zu sein und zu hören, was er ihm sagen möchte. Kommen Sie zu ihm hin, er wartet auf Sie!

Anmerkungen

1) Eigene Übersetzung. Die Grundbedeutung des griechischen Wortes *hüotesia* ist die „Annahme an Kindes statt, Adoption", vergl. dazu: Neuer Sprachlicher Schlüssel zum griechischen neuen Testament, Römer - Offenbarung, Wilfried Haubeck, Gießen 1994.
2) Lebendiges Buch, Schweden 1983
3) nach: The Amplified Bible, Michigan 1987

Kapitel 3

Herzensgehorsam

... oder wie man kindlichen Gehorsam lernen kann

In den zwanzig Jahren unseres Dienstes lehrte der Herr Charlotte und mich immer wieder in Bereichen über kindlichen Gehorsam, in denen wir es überhaupt nicht gerne mochten. Er bat uns oft um Dinge, die wir nicht tun wollten, und prüfte uns, ob wir bereit waren, darin „Ja" zu sagen. Gehorsam ist immer leicht, wenn uns die Ziele und Ergebnisse sympathisch sind. Haben wir aber Schwierigkeiten oder sind die Ergebnisse für uns nicht mehr einschätzbar, ist das dagegen eine ganz andere Sache! Wir waren immer wieder nahe dran, zu Gottes Wegen „Nein" zu sagen und mit unserer eigenen Kraft und unseren Möglichkeiten einfach unsere Wege zu gehen. Aber Gott testete uns und prüfte, ob wir wirklich bereit waren, seinen Fußspuren zu folgen. Manchmal standen wir an Wegkreuzungen, an denen der Herr uns fragte, wie wir mit ihm weitergehen wollten. Es war eine liebevolle Frage, fast wie ein Angebot: „Wählt aus – ihr dürft selbst entscheiden!" Da gab es den einfacheren Weg, und der Herr würde mit uns mitgehen und uns ohne Zweifel segnen – aber es gab auch diesen anderen Weg, der schwieriger schien, unwegsam, bei dem man nicht abschätzen konnte, wo genau das Ziel liegt. Das Einzige, was wir dann haben, sind seine Fußspuren, um immer nur den nächsten Schritt zu erkennen. Wir wussten, wie wir uns entscheiden würden – es war der Weg des kindlichen Gehorsams und der völligen Abhängigkeit von ihm! Jeder Mensch steht immer wieder vor solchen Wegkreuzungen, an denen Gott uns fragt, ob wir seinen Spuren folgen möchten.

Oft ist dieser Weg nicht einfach, aber nichts lohnt sich mehr: Es ist die Schule Gottes für kindlichen Gehorsam, in der wir es lernen, seine Stimme zu hören! Bevor wir in die Elementarschule des Gehorsams eintreten, sollten wir aber wissen, wie Gott zu uns redet. Dabei ist es zunächst wichtig, drei Hauptformen des Wortes zu unterscheiden:

1. Das persönliche Wort – mehr als alles andere ist Gott eine Person, die zu uns sprechen möchte.
2. Das geschriebene Wort – die Schrift ist die höchste Instanz in Bezug auf das, was Gott sagt.
3. Das gesprochene Wort – die Predigt, Lehre, das Zeugnis oder die prophetische Rede.[1]

Der einzige biblische Weg zu einem Wachstum des Glaubens ist, in die Elementarklasse der Schule des Gehorsams einzutreten. Da gibt es viele Vorgänger, die diese Schule schon durchlaufen haben. Moses versagte bei seinem ersten kläglichen Versuch, das Volk Israel aus Ägypten zu befreien, und musste die Schule vierzig Jahre in der Wüste bei den Midianitern besuchen. Er war einer der größten Propheten und Männer des Alten Bundes, denn er „redete mit Gott von Angesicht zu Angesicht, wie ein Mann, der mit seinem Freunde redet“ (2. Mose 33,11). Abraham hörte die Stimme Gottes, verließ sein Land und wurde zu einem Vater des Glaubens. Trotzdem testete Gott seinen Glaubensgehorsam und ließ es zu, dass Abraham einen Altar baute, darauf Holz legte, seinen Sohn Isaak band und ihn auf den Altar legte, ja, dass er seine Hand ausstreckte und ein Messer nahm, um seinen einzigen Sohn zu töten – bis der Engel des Herrn ihn vom Himmel her rief: „Lege deine Hand nicht an den Knaben, und tue ihm nichts, denn nun weiß ich, dass du Gott fürchtest und hast deinen einzigen Sohn nicht verschont um meinetwillen!“ Abraham wurde zu dem Vater eines neuen Geschlechts, das so groß war, dass er es nicht zählen konnte, und Gott sprach zu ihm: „Weil du solches getan hast und hast deines einzigen Sohnes nicht verschont, will ich dein Geschlecht segnen und mehren wie die Sterne am Himmel und den Sand am Ufer des Meeres ..." (2. Mose 22,9-17). Abraham hörte die Stimme Gottes und war ihr gehorsam, denn er „zweifelte nicht an der Verheißung Gottes durch Unglauben, sondern wurde stark im Glauben und gab Gott die Ehre" (Römer 4,20)! Jakob brauchte 14 Jahre, um die Elementarklasse des Gehorsams zu absolvieren, erst dann war er bereit, sich mit seinem verfeindeten Bruder zu versöhnen, und wurde von Gott Israel genannt (1. Mose 32,29). Josef durchlief die Schule des Gehorsams im Gefängnis des Pharaos und lernte dort, auf die Stimme Gottes zu hören und die Träume seiner Mitgefangenen zu deuten. Er hätte sein Gefängnis niemals verlassen können, wenn er diese Schule nicht durchlaufen hätte (1. Mose 41)! Sollen wir noch einen Blick in das Neue Testament werfen? Sagt nicht der Hebräerbrief, dass Jesus selbst Gehorsam lernen musste?

„So hat er, obwohl er Gottes Sohn war, doch an dem, was er litt, Gehorsam gelernt. Und als er vollendet war, ist er für alle, die ihm gehorsam sind, der Urheber des ewigen Heils geworden ..." (Hebräer 5,8-9)

Die Evangelien verschweigen nicht, dass sein Gehorsam nicht einfach war. Er kostete ihn schwere Kämpfe. Eigentlich müssten wir annehmen, dass es für Jesus, den es über alles freute, den Willen seines Vaters zu tun, nicht notwendig sein müsste, Gehorsam zu lernen. Dennoch besuchte er selbst die Schule des Gehorsams und erhielt von Gott die höchste Ehre: In Philipper 2,9 lesen wir, dass Gott ihn erhöht und einen Namen gegeben hat, der über alle Namen ist, denn er war „gehorsam bis zum Tode, ja bis zum Tode am Kreuz".

Lieber Leser, wann hören wir auf, dieses Thema auf die leichte Schulter zu nehmen, insgeheim zu belächeln oder gar wegzuschieben? Wann sind wir bereit, uns Gott zu stellen und in seine Schule zu gehen? Jesus ruft seine Nachfolger und Jünger, in gleicher Abhängigkeit von Gott zu leben, wie er es tat. Hier geht es um mehr als um eine Möglichkeit des Glaubens! Jesus sagt: „Der Sohn kann nichts von sich aus tun, sondern nur, was er den Vater tun sieht, das tut gleicherweise auch der Sohn" (Johannes 5,19b). An anderer Stelle spitzt er diese Aussage zu und lehrt die Jünger, in gleicher Weise wie er zu leben. Er sagt in Matthäus 7,21: „Es werden nicht alle, die zu mir sagen: Herr, Herr!, in das Himmelreich kommen, sondern die den Willen tun meines Vaters im Himmel!" Wir sehen, es ist für unser Leben in der Nachfolge existentiell wichtig, die Stimme Gottes zu hören und alles, worum er uns bittet, zu tun. Wir können nicht erwarten, dass wir seine Verheißungen empfangen, wenn wir im Ungehorsam unsere eignen Wege gehen. Bei wie vielen Christen ist die brennende Liebe zu Gott erloschen und nur noch als dünne, qualmende Rauchsäule übrig geblieben. Von ihren Visionen und Wünschen ist nur noch ein kleines Häufchen Asche geblieben, und schließlich nehmen sie desillusioniert ihr Leben selbst in die Hand. Wenn wir gegen unsere Umstände kämpfen, anstatt sie als Gottes Schule des Gehorsams anzunehmen, werden wir sehr lange die Elementarklasse des Gehorsams besuchen müssen, bis wir gelernt haben, bedingungslos „Ja" zu Gottes Wegen mit uns zu sagen. Paulus hätte viele Gründe gehabt, aus Gottes Schule auszusteigen. Er war einer der profiliertesten Lehrer der damaligen Zeit und versagte in Damaskus bei seinen ersten Schritten als Christ jämmerlich. Seine stärkste Gabe war es anscheinend, in dieser Zeit viel Staub aufzuwirbeln. Die Brüder wussten nur zu gut, was zu tun war. Sie schickten ihn für einige Jahre nach Tarsus in die Elementarschule des kindlichen Gehorsams und, wen wundert es, in der Gemeinde brach eine Zeit des Friedens und Wachstums an (Apostelgeschichte 9,29-31). Ich frage mich, was in den Jahren in Tarsus bei Paulus geschah? Ich bin davon überzeugt, dass der Heilige Geist an seinem Herzen arbeitete. Wir treffen ihn völlig verändert in der Missionsgemeinde Antiochia wieder. Gott konnte ihn jetzt gebrauchen und in seinen Dienst stellen.

Charlotte und ich waren schon ein Jahr in Tübingen und hatten in dieser Zeit sämtliche Gaststätten, Kinos und Cafés der Stadt und des Umkreises kennen gelernt. Wir hatten genug und fragten uns, ob der Herr uns vergessen hatte. Tom Jennings hatte in dieser Stadt eine lebendige Studentenarbeit von Jugend mit einer Mission aufgebaut, die aber in dieser Zeit durch eine Krise ging. Irgendwann klingelte es bei uns an der Tür, und Egbert und Anita, ein junges methodistisches Ehepaar, fragten, ob wir bereit wären, ihnen Seelsorge zu geben. Das war so ungefähr das Letzte, was wir uns vorgestellt hatten! Wir hatten zwar selber Seelsorge erlebt, wo wir unser Leben mit Gott in Ordnung gebracht hatten und Befreiung von okkulten Bindungen erlebt hatten, aber warum sollten wir anderen jetzt helfen können? Aber beide bestanden darauf mit dem Hinweis, Gott hätte zu ihnen gesprochen, dass wir ihre Seelsorger sein sollten. Egbert und Anita erlebten in der Seelsorge dramatische Befreiungen und Wiederherstellung ihrer Ehe. Eine ärztlich diagnostizierte Unfruchtbarkeit wurde geheilt. Heute haben Egbert und Anita zwei eigene und zwei adoptierte Kinder und sind eine glückliche Familie. Sie leiten eine erfolgreiche Rehabilitationsarbeit mit Drogen- und Aidskranken in Weißrussland von TOS Belarus und werden von Gott in wunderbarer Weise gebraucht.

Irgendwie stellte Gott sich zu uns, weil wir einfach genau das taten, was wir selbst erlebt hatten. Es war der Start unseres Seelsorgedienstes. Ehe wir uns versahen, betreuten Charlotte und ich den ganzen Tag, manchmal waren es bis zu 12 Stunden, Leiter, Mitarbeiter und jung Bekehrte in der Seelsorge, und sie erlebten Heilung und Wiederherstellung. Wir wurden immer wieder für Seelsorgeseminare, insbesondere in der ehemaligen DDR, angefragt und erlebten das Eingreifen und die Präsenz des Heiligen Geistes in einer wunderbaren Weise. Pastoren kamen und suchten Hilfe, sie erlebten Befreiung und einschneidende Veränderung in ihrem persönlichen Leben. Menschen wurden von Sünde überführt, weinten, weil sie den inneren Schmerz zuließen, und wurden in ihren Herzen verändert. Für uns war es klar, dass wir unsere Berufung gefunden hatten. Sicher wollte der Herr, dass wir ein Seelsorgezentrum aufbauten. Aber eigentlich hatten wir nur unseren Fuß in die ersten Fußstapfen Gottes gestellt. Er hatte uns einfach gezeigt, was er tut, wenn wir bereit sind, einfach kindlich gehorsam zu sein. Er ließ uns in dieser Zeit zum ersten Mal in die Tiefen des menschlichen Herzens hineinschauen und zeigte uns, dass der Zustand des Herzens eines Menschen das Kriterium dafür ist, wie er die Stimme Gottes hören kann, und ob er ihm von ganzem Herzen nachfolgen wird.

„Meister, welches Gebot ist das höchste Gebot im Gesetz?" Jesus aber antwortete ihm: „Du sollst den Herrn, deinen Gott, lieben von ganzem Herzen, von ganzer Seele und von ganzem Gemüt. Dies ist das höchste und größte Gebot. Das andere aber ist dem gleich: Du sollst deinen Nächsten lieben wie dich selbst." (Matthäus 22,37-39)

Jedes Herz hat Ohren. Sie sind für andere nicht sichtbar, aber sie sind entscheidend, ob wir hören können, wie ein Jünger hört. „Alle Morgen weckt er mir das Ohr", so schreibt Jesaja, „dass ich höre, wie Jünger hören. Gott, der Herr, hat mir das Ohr geöffnet. Und ich bin nicht ungehorsam und weiche nicht zurück" (Jesaja 50,4b.5)! Unser Herz ist der entscheidende Faktor für unseren kindlichen Gehorsam. Ist es verschlossen und hart, wird alles, was ich tue, technisch und kalt sein, ist es demütig geworden, zerbrochen und weich, wird mein Gehorsam in allem Tun Gott Ehre geben. Das Herz ist wie eine Membran, die hochempfindlich auf die Temperatur der Umgebung reagiert. Spürt es die Eiseskälte der Sünde, verschließt es sich, erwärmt sich jedoch meine Liebesbeziehung zu Jesus, öffnet es sich weit und nimmt wie ein umgegrabenes und fruchtbares Ackerfeld jedes Wort Gottes in sich auf.

„Das aber auf dem guten Land sind die, die das Wort hören und behalten in einem feinen, guten Herzen und bringen Frucht in Geduld.“ (Lukas 8,15)

Gott zielt immer auf unser Herz. Wir müssen bereit sein, in einen Spiegel zu schauen, um zu erkennen, wie es um unser Herz bestellt ist. Unser Herz ist die Schaltzentrale unserer Liebesbeziehung zu Jesus, und Herzensgehorsam ist nur mit einem weich gewordenen, weit geöffneten Herzen möglich. Als die Jünger den Worten der Frauen, die den Auferstandenen gesehen hatten, nicht glaubten, schalt er ihren Unglauben und ihre Hartherzigkeit (Mk 16,14). Sie waren wie vernagelt, uneinsichtig, glaubten einfach nicht den Worten, die sie hörten. Wir sehen, wie das eine das andere bedingt: Herzensgehorsam ist bei einem hart gewordenen Herzen unmöglich. Aber Jesus hat es bei den Jüngern geschafft. Was war der Auslöser, und wie sind sie zu Aposteln geworden, die bereit waren, für ihren Herrn alles zu tun? Warum wurden sie in gleicher Vollmacht und Autorität gebraucht, Zeichen und Wunder zu tun und Kranke zu heilen, wie ihr Herr und Meister? Was hat ihr Herz weich und sie zu Männern und Frauen Gottes gemacht, die es von Herzen liebten, der Stimme ihres Herrn zu folgen?

Mein Leben wurde durch ein Erlebnis einschneidend verändert. Ich war in Lüdenscheid als jemand bekannt, der sehr schnell irgendetwas zuwege brachte und auf die Beine stellte. Ich war sehr selbstbewusst, und so lief ich jetzt als Evangelist mit meiner selbstgestrickten Bibeltasche durch die Fußgängerzone unserer Stadt, immer Traktate in der Tasche und auf der Jagd nach einem „guten Gespräch“ bei einer heißen Tasse Kaffee bei Tchibo, dem damaligen Szenetreff in Lüdenscheid. Hier traf man immer jemanden, und schließlich musste man ja das Angenehme mit dem Nützlichen verbinden. Ein richtig guter Sonntag musste für mich mindestens sechs Termine haben, sonst war nichts Richtiges los. Eigentlich dachte ich, dass der Herr ganz glücklich mit mir sein müsste, und irgendwie hatte er, so meinte ich, mit mir einen guten Fang gemacht. Ich hatte die Taufe im Heiligen Geist empfangen, und eigentlich konnte das Abenteuer mit Gott jetzt richtig losgehen. Ich hatte mich bekehrt – aber mein Herz war ungebrochen und hart vor Gott. Das Äußere stimmte, aber eigentlich saß ich im Gefängnis meines Egoismus und meines Stolzes. Hätte mir das jemand gesagt, wäre ich ihm natürlich an den Kragen gegangen oder hätte es zumindest weit von mir gewiesen. Ein untrügliches Kennzeichen für ein hartes Herz ist, dass ich es meistens nicht selbst erkennen kann. Aber Gott ist gnädig, und er weiß ganz genau, wie er unser Herz erreichen kann. Das gefällt uns nicht und tut manchmal weh, aber es ist sein gnädiges Eingreifen in unser Leben.

Charlotte und ich waren bei unseren geistlichen Eltern, einem Pfarrerehepaar der reformierten Kirche aus den Anfängen der charismatischen Erneuerung zu Besuch. Wir nannten sie Tante Maria und Onkel Laszlo. Sie lebten in der Hortobagy Puszta in einem kleinen Dorf „auf Lande“, wie sie sagten, und wurden von vielen aus „Westdeutschland“ und der ehemaligen DDR besucht, denen sie mit ihren Gaben prophetisch und auch seelsorgerlich dienten. Tante Maria hatte die Gabe, mit Worten der Erkenntnis prophetisch immer sofort auf den Punkt zu kommen. Wir nannten es die Gabe der „Herzensschau“. Wenn sie einem in die Augen blickte, meinten wir, dass sie bis auf den tiefsten Herzensgrund alle bekannten und unbekannten Sünden sofort erkennen müsste. Onkel Laszlo liebte das Wort Gottes und hatte immer wieder prophetische Bilder, die zukunftsweisend waren und die ich bis heute nicht vergessen habe. Sie trafen ein und gaben prophetische Offenbarung über den Blickwinkel Gottes. Ich habe bis heute nur sehr selten diese Gabe in solch einer Präzision und Klarheit gefunden wie bei Tante Maria und Onkel Laszlo. Bei ihnen habe ich vollmächtige und befreiende Seelsorge erlebt, die mein Leben bis heute verändert hat.

Aber da war noch etwas anderes, Einschneidendes. Charlotte hatte gerade bei einem der üblichen langen nächtlichen Gespräche mit Tante Maria die Erfüllung mit dem Heiligen Geist empfangen. Ich war natürlich schon lange so weit, war strahlend, selbstbewusst, voller Pläne – und natürlich immer noch in dem Bewusstsein, dass der Herr stolz auf meine Hingabe sein könnte. Am nächsten Abend saßen wir zusammen in einer der üblichen Bibelstunden „auf Lande", und eine der Frauen wollte gerne die Erfüllung mit dem Heiligen Geist empfangen. Charlotte wurde an diesem Abend wunderbar gebraucht, und mir ging es immer schlechter. Mein „gutes Herz" meldete sich mit den finstersten Gedanken: „Hey, die haben etwas falsch gemacht! Die wussten wohl nicht, wie gut du drauf bist! Haben die deine Hingabe nicht gesehen?" Neid! Eifersucht! Ich lief herum wie ein Tiger im Käfig. Als Tante Maria und Onkel Laszlo wiederkamen, bat ich sie um Gebet. Die prophetischen Bilder waren für mich direktes Reden Gottes. Ich höre es noch, als ob es gestern geschehen wäre: „Ich sehe", so sagte Tante Maria, „einen Weg, auf dem viele Menschen laufen. An diesem Weg steht eine Leuchte mit einem Schirm, und die Menschen denken, dass du diese Lampe und in dir das Licht Gottes wäre. Aber unter diesem Lampenschirm ist ein Pilz, und dieser Pilz bist du." Anschließend legte sie das prophetische Bild aus. „Der Heilige Geist sagt zu dir: Du bist vor Gott nicht das, was du für andere darstellst. Alles, von dem du dachtest, es wäre weiß vor mir, ist eigentlich schwarz vor meinen Augen. Ich kann es nicht gebrauchen ..." Dieses Wort traf mich bis ins Mark und ich brach weinend zusammen: „Herr, alles, was ich bis jetzt getan habe, war für dich ohne Wert?" Was sollte ich jetzt tun? Allzu oft versuchen wir, mit einem kurzen Gebet um Vergebung wegzuschieben, was der Herr gerade selber an unseren Herzen tun möchte. Ich bin Tante Maria und Onkel Laszlo dankbar, dass sie es nicht taten. Sie gaben mir keinen Rat, klebten mir kein geistliches Trostpflaster auf, sie ließen mich einfach, so wie ich war, am Boden zerstört nach Hause fahren. Wenn Gott nichts gebrauchen konnte, was ich bisher getan hatte, wie sollte ich ihm dienen? Ich war wie zerbrochen und hatte vor Gott kapituliert. Zwei Jahre lang lebte ich wie zurückgezogen. Ich traute mich nicht, irgendetwas zu tun, solange der Herr nicht darum bitten würde – aber er sprach nicht zu mir. Ich betete, ging treu in meine Gemeinde, ging die kleinen Gehorsamsschritte, die meinem geistlichen Leben ein Fundament gaben, aber eigentlich wartete ich auf Gott. Was konnte ich tun, wenn es für Gott keinen Wert hat, und wie bekam es einen Wert und wurde annehmbar für ihn? In diesen zwei Jahren vollzog der Herr eine Operation an meinem Herzen. Es war hart und ungebrochen gewesen und konnte die Stimme Gottes einfach nicht hören.

Nach zwei Jahren kniete ich in meiner Gebetskammer und machte „Stille Zeit". Auf einmal hörte ich eine Stimme, die ich so noch nicht gehört hatte. Ich glaube, es war die liebevolle Stimme des Vaters, der zu meinem Herzen sprach: „Jobst, ich möchte, dass ihr jetzt Menschen um euch sammelt und ihnen dient." Eigentlich machte das keinen Sinn, denn wir planten, sechs Monate später nach Tübingen umzuziehen – aber ohne Zweifel, es war das Reden Gottes! Innerhalb dieser Zeit kamen, ohne dass wir irgendetwas taten, die ersten Menschen zu uns, denen wir dienen konnten. Innerhalb eines Monats entstand eine Zellgruppe mit 18 Personen. Sie kamen aus kriminellem Hintergrund oder waren einfach durch Drogen zerstört, und wir dienten ihnen, so gut wir es konnten. Als wir das Vorrecht hatten, Don Kirkby, er kam aus Neuseeland und war ein richtiger Vater in Christus und Gründer der

Familienarbeit von Jugend mit einer Mission, in unsere Hausgruppe einladen zu können, sprach er über Charlotte und mir prophetisch die Berufung aus, deren Erfüllung mit den Diensten der TOS begonnen hat. Sie steht immer noch auf dem letzten weißen Blatt meiner Bibel: „Ich habe euch wie Nehemia berufen, die zerstörten Mauern Jerusalems wieder aufzubauen!" Ich wusste, wenn Gott mich gebrauchen würde, hatte das nichts mehr mit mir zu tun. Es war, weil der himmlische Vater es mir gesagt und ich es einfach getan hatte. Diese zwei Jahre am Anfang meines Christseins waren mit die wertvollsten in meinem Leben. Gott veränderte mein Herz und gebrauchte diese Zeit, um mir die Tür zum kindlichen Gehorsam zu öffnen.

Man kann den Zustand eines Herzens mit drei Phasen beschreiben. Das natürliche Herz des Menschen ist ungebrochen und hart, so wie ich es bei mir beschrieben habe. Obwohl der äußere Anschein durchaus stimmen mag, hat die Sünde in Ihrem Leben die Oberhand und kann Sie immer wieder in die Knie zwingen. Sehr oft gibt es noch „Leichen im Keller", verborgene Sünden, die noch nicht ans Licht gebracht wurden. Stephen Hill zählt folgende Kennzeichen eines harten oder hart gewordenen Herzens auf, und ich möchte Sie ermutigen, in diesen Spiegel zu schauen: 1. eine leichtfertige Sichtweise über die Bösartigkeit der Sünde; 2. eine gleichbleibende Bereitschaft zu sündigen; 3. eine mangelnde Bereitschaft Sünde zu bekennen; 4. Stolz und Täuschung über den eigenen geistlichen Zustand; 5. Undankbarkeit; 6. ein Mangel an Interesse für das Wort Gottes; 7. das von Sünde überführte Gewissen wird erstickt und seiner leisen Stimme gegenüber ist man ungehorsam; 8. wachsendes Desinteresse an Belangen des Reiches Gottes.[2] Sicher kann man noch einige Punkte hinzufügen, aber das mag genügen. Wer in diesem Zustand ist, schreit sehr oft nach Gott, aber er ist gebunden wie in einem Käfig und lebt unter der Herrschaft der Sünde.

„Auch ihr wart tot durch eure Übertretungen und Sünden, in denen ihr früher gelebt habt nach der Art dieser Welt, unter dem Mächtigen, der in der Luft herrscht, nämlich dem Geist, der zu dieser Zeit am Werk ist in den Kindern des Ungehorsams." (Epheser 2,1.2)

Die zweite Phase ist das von Gott angerührte Herz. Bei irgendeiner Veranstaltung oder Gelegenheit wurden Sie von Gott berührt. Menschen, die so von der Liebe Gottes getroffen werden, sind wie umhergetrieben, spüren sie doch ihre Unfähigkeit, Dinge besser zu machen. Oft wollen sie das Richtige, aber genauso oft ist das Resultat Enttäuschung. Sie wurden irgendwann von der Liebe Gottes berührt oder getroffen, doch ihr Herz scheint für Herzensgehorsam noch nicht bereit zu sein.

Die dritte Phase ist entscheidend. Hier haben Sie vor Gott bedingungslos kapituliert. Sie sind zerbrochen über Ihre Sünde, haben Buße getan und sind umgekehrt von Ihren bösen Wegen. Sie verteidigen sich nicht. Sie können sich selbst durch die Augen Jesu sehen und wissen, dass Sie umsonst geliebt und aus lauter Gnade zu ihm hin gezogen wurden. Ihr Herz ist weich geworden. Sehen Sie, und das war genau der Grund, warum aus egoistischen Jüngern mit einem harten Herzen auf einmal vollmächtige Apostel wurden, die es gelernt hatten, der Stimme ihres Herrn bedingungslos zu folgen. Der Schlüssel liegt in ihrer Zerbrochenheit über sich selbst. Petrus stand vor seinem Herrn und konnte ihm nicht in die Augen schauen. Vor seinem inneren Auge spielte sich erneut diese fürchterliche Nacht ab, in der er Jesus dreimal verraten hatte. Sie alle hatten versagt, aber er war vornedran gewesen. Er hatte seinen geliebten Herrn verleugnet, sich selbst verflucht, hatte sein Wort gebrochen – so stand er jetzt vor dem auferstandenen Jesus. Wie würde er reagieren? Würde er ihn enttäuscht ansehen und sagen, wie sehr er doch auf ihn gebaut hatte? Würde er ihn wegschicken? Alles hätte er verdient. Petrus war zu diesem Zeitpunkt selbst sein schärfster Richter. Sein ganzes Selbstbild lag zerbrochen in Scherben. Aber Jesus schaute ihn liebevoll an und revolutionierte mit einer Frage sein ganzes Leben: „Petrus, hast du mich lieb?" Diese Frage war wie heilendes Öl, das auf sein zerbrochenes Herz gegossen wurde. Er wagte kaum zu antworten, schließlich aber hob er seine Augen auf und sagte: „Ja, Herr, du weißt, dass ich dich liebe!" Diese Liebe war keine technische, funktionelle, leistungsorientierte Liebe, sondern sie kam jetzt aus einem zerbrochenen, weich gewordenen Herzen. Sein Herz war bereit, auf die Stimme seines Herrn zu hören und ihm kindlich gehorsam zu sein. Deswegen, und nur deswegen, vertraute Jesus ihm das Wertvollste an, was er hat, seine Schafe und Lämmer: „Weide meine Lämmer!" Petrus hatte Herzensgehorsam gelernt, und Jesus hatte ihm sofort andere Menschen anvertraut. Können wir das verstehen? Haben wir gelernt, wirklich die Stimme Gottes zu hören? Sind Sie bereit, in seine Schule des Gehorsams zu gehen, um mit den Ohren Ihres Herzens Gehorsam zu lernen? Ich wünsche es Ihnen, denn es gibt nichts Kostbareres, als Jesus im kindlichen Gehorsam zu folgen.

Ich lade Sie ein, einige Schritte im Gebet zu gehen. David betete in den Psalmen: „Schaffe in mir, Gott, ein reines Herz, und gib mir einen neuen beständigen Geist!" Der himmlische Vater sehnt sich danach, dass Sie in seine Schule des Herzensgehorsams gehen:

Bleiben Sie im Klassenraum

Manche verlassen die Klasse bei unangenehmen Themen. Geht es um die Liebe Gottes, bleiben sie, aber fordert Gott sie heraus, ihr Herz mit ihm in Ordnung zu bringen, möchten sie die Klasse verlassen. Bitten Sie den Herrn, Ihnen neu zu begegnen und Ihnen Ihr Herz zu zeigen. Wenn er Ihnen einen Spiegel vorhält, ist das nie unbarmherzig – aber er wird Ihnen in seiner Liebe zeigen, wie er Sie sieht. Irgendwann führt der

Herr jeden seiner Nachfolger an den Punkt, an dem er vor Gott bedingungslos kapituliert und von Herzen von seinen eigenen und selbstsüchtigen Wegen umkehrt.

Hören Sie die Unterweisung

Viele resignieren, wenn ihnen eine Aufgabe schwer fällt. Aber es ist so leicht, zu Jesus zu kommen. Möchten Sie nicht alles, was Ihr Herz hart und verschlossen gemacht hat, Jesus als Sünde bekennen? Notieren Sie, was Ihnen in den Sinn kommt! Hier gilt es, nicht oberflächlich zu sein, sondern am besten vor einem Bruder oder einer Schwester Ihres Vertrauens die Schuld auszusprechen und zu bekennen. Vielleicht bittet der Herr Sie um diesen Schritt, und es fällt Ihnen schwer. Ich verspreche Ihnen, dass es der erste Schritt in die Schule des Herzensgehorsams sein wird.

Halten Sie die Augen auf den Lehrer gerichtet

Hören Sie auf, gegen Gottes Erziehungsprogramm zu klagen, und sagen Sie „Ja!" Gehen Sie die kleinen Gehorsamsschritte treu weiter und fangen Sie an, dem Herrn für jede Gelegenheit zu danken, wo er Sie in Demut und Zerbrochenheit hineinführt. Versuchen Sie nicht Gottes Wege abzukürzen. Denken Sie daran, er will Sie wie Petrus zu einem Menschen machen, der es liebt, kindlich gehorsam zu sein.

Machen Sie Ihre Hausaufgaben

Oft spricht der Heilige Geist zu uns über die nächsten Schritte, aber dann schieben wir es beiseite und verpassen unsere Chance. Er hat sich lange danach gesehnt, im Gebet mit Ihnen zu reden. Vielleicht wird er Sie herausfordern, praktische Schritte zu tun, vielleicht vertraut er Ihnen einfach Menschen an. Auf jeden Fall hüpft sein Herz vor Freude, wenn er Menschen findet, die ihn von Herzen so lieben, dass sie bereit sind, alles für ihn zu tun.

„Wer mich liebt, der wird mein Wort halten; und mein Vater wird ihn lieben und wir werden zu ihm kommen und Wohnung bei ihm nehmen!" (Johannes 14,23)

Anmerkungen

1) David Watson, Jüngerschaft, Hochheim, 1981, S. 126 ff
2) Stephen Hill, Hot from the Preacher's Mound; Alabama 1995, S. 37

Kapitel 4

Jesus unser Herr – der Grund unseres Gehorsams

... oder warum es für einen Nachfolger Jesu keine Alternative zum kindlichen Gehorsam gibt

Jedes Jahrzehnt hat seine eigene Art und Weise, Werte und Haltungen gegenüber Religion, Ehe, Autorität, Sex, Geld und Erziehung, Schlagworte zu sammeln. Es sind Begriffe, mit denen die jeweilige Kultur beschrieben wird. Wenn man einen idealistisch eingestellten Hippie der 60er Jahre mit einem Anfang Zwanzigjährigen Computerfreak der heutigen Zeit vergleicht, gibt es gravierende Unterschiede.

Während der letzten fünfzig Jahre hat sich die westliche Kultur stark verändert. Die 60er Jahre waren geprägt von einer Jugend, die, durch ihre Vergangenheit entwurzelt, nach Freiheit suchte. Woodstock, freie Liebe, Gott ist tot, Protest gegen die etablierte Gesellschaft waren die prägenden Schlagworte einer Generation, die sich von den hergebrachten traditionellen und christlichen Werten befreien wollte. Ihre Väter waren für sie Kriegsverbrecher, die nicht bereit waren, sich zu ihrer Vergangenheit zu stellen, oder aber sie waren, wenn nicht gebrochen zurückgekehrt, als Soldaten gefallen und hatten sie als Waisen zurückgelassen. Die Studentenrevolution der 68er blieb nicht auf Deutschland begrenzt. Sie brachte eine rebellische Generation hervor, die nahezu in allen Nationen des westlichen Kulturkreises das Leben und Denken nachhaltig veränderte.[1] Die 70er waren das Jahrzehnt der Radikalisierung. Der Terror der Baader-Meinhof-

Gruppe prallte auf eine Generation des Wirtschaftsbooms, die in den 80ern in der Friedensbewegung und den aufbrechenden ökologischen Parteien und Gruppierungen schon längst ihren sozialen und politischen Standort gefunden hatte. Die 68er hatten den Marsch durch die Institutionen angetreten, und sie waren dabei, mit ihren Wertmaßstäben die Kultur und Gesellschaft nachhaltig zu verändern. Die 90er Jahre waren die Jahre der Etablierung. Die Generation der 68er hat Führungs- und Leitungspositionen in Staat und Gesellschaft übernommen. Sie zeichnet sich durch Pragmatismus und ein hohes Maß an Verantwortlichkeit aus. Und was ist mit der neuen Generation dieses Jahrzehnts? Der gigantische Zulauf zur Berliner *Love Parade* mit über einer Million Teilnehmern spiegelt eine Spaß-Generation wider, die sich endgültig ihrer christlichen Werte und Moralvorstellungen entledigt hat. Sie lebt nach einem neuen Gesetz. Ihr Maßstab heißt jetzt: „Ich mache, was ich will, und lebe, wie es mir selbst gefällt." Die „Ich-Generation" hat sich endgültig selbst zum Maßstab erhoben. Sie merkt nicht, wie sie, in ihrer vermeintlichen Freiheit entsetzlich versklavt, eigentlich nur nach dem einzigen Gesetz der Finsternis lebt, das der Satanist Alister Crowley Anfang des letzten Jahrhunderts propagiert hatte: „Tue, was du willst, das sei das ganze Gesetz."[2]

Leider hat die Unfähigkeit der Christen, die verführerischen Einflüsse und kulturellen Trends ihrer Zeit zu erkennen und ihnen in der richtigen Weise zu widerstehen, dazu geführt, dass viele Gläubige Schiffbruch erlitten haben oder zu kraftlosen Zeugen wurden. Statt sich den Herausforderungen ihrer Zeit zu stellen, zogen sich die Christen zum großen Teil in das Schneckenhaus ihrer Kirchen und Gemeinden zurück, ohne zu merken, dass sie selbst von dem Denken ihrer Umgebung in höchstem Maße infiziert worden waren. John Wimber schrieb im Sommer 1989 einen prophetischen Artikel[3], den ich immer wieder einmal herausnehme und lese. Er beschreibt darin den Individualismus und den Relativismus als das Gift der 90er Jahre, das alle Bereiche der Gesellschaft durchdringt und zu einem Kennzeichen eines neuen Zeitalters der Säkularisierung und des Heidentums wird. Im Duden lesen wir, dass der Individualismus eine Haltung ist, die „auf die persönliche Eigenart und die Verwirklichung eigener Vorstellungen und die Entfaltung der eigenen Persönlichkeit ausgerichtet ist, und seinen eigenen Bedürfnissen den Vorrang vor der Gemeinschaft oder Gesellschaft einräumt".[4] Wimber beschreibt es in seinem Artikel so: „Individualisten haben wenig Sinn für Gemeinschaft und ihr moralisches Urteil basiert auf ihren eigenen Interessen oder ihrem Gefühl! Relativisten hingegen glauben, dass es keine objektive Moral oder Wahrheit gibt." Wir wollen hier noch einmal zum Verständnis den Duden bemühen: „Relativismus ist die Anschauung, nach der jede Erkenntnis relativ (das heißt nur durch den Standpunkt des Einzelnen wahr), jedoch nie allgemeingültig (also für alle) wahr ist."[5] Beides werde die Herzen und Gedanken der Gläubigen infizieren, so schreibt Wimber weiter, und vor den Kirchen und Gemeinden nicht Halt machen.

Leider ist es genau so gekommen. Nach beinahe 15 Jahren sind Sätze, die den für jeden Menschen geltenden Maßstab des Wortes Gottes auf jeweils die eigene Erkenntnis und Bedürfnisse reduzieren, fast normal geworden. „Ich habe es als richtig erkannt ...", so beginnt der Satz, und meint doch nur: „Ich werde tun, was mir selbst gefällt." „Was für dich gilt", sagt der andere, „deckt sich nicht mit meiner Erkenntnis", und meint damit, dass er selbst der Maßstab seines Denkens ist. Das Resultat sind „Ich mache, was ich will"-Christen, deren Lebensstil sich nicht von der Gesellschaft unterscheidet. Sie fühlen sich niemandem verantwortlich und kreieren ihr eigenes Wertesystem, das, wenn auch christlich angestrichen, wie ihre Umgebung immer noch den Menschen selbst als Mittelpunkt hat.

Bevor wir uns damit beschäftigen, was kindlicher Gehorsam eigentlich ganz praktisch bedeutet und welche Auswirkungen er auf unser Leben hat, sollten wir uns in diesem Kapitel mit einigen biblischen Hintergründen beschäftigen. Wir sollten verstehen, dass es sich bei diesem Thema nicht einfach um eine wichtige Ergänzung unseres Glaubenslebens handelt, sondern dass sich im kindlichen Gehorsam eine Haltung widerspiegelt, an der zu erkennen ist, ob Jesus wirklich der Herr in unserem Leben ist.

Jeder hat in seinem Leben schon einmal die Grenze eines Landes übertreten und befand sich damit unter den Gesetzen und Ordnungen einer anderen Regierung. Nicht überall wird das so offensichtlich wie in England. Als wir mit unserem Auto von Calais nach Dover übersetzten und von der Fähre herunterfuhren, merkten wir sehr schnell, dass die Verkehrsordnung unserer Nation hier keine Gültigkeit mehr hatte. Weiter auf der rechten Seite zu fahren, hätte schnell tödlich ausgehen können. Kamen wir in eines der lateinamerikanischen Länder, wie z. B. nach Paraguay, war es noch offensichtlicher. In England fährt man zwar links, aber dennoch ist alles gut geordnet. Ganz anders in Paraguays Hauptstadt Asunción, wo die einzige Regel das Recht des Stärkeren zu sein scheint. Die meisten Autos haben irgendwo eine Beule, und das wundert einen nicht. Links und rechts, überall kreuzen und überqueren Autos die eigene Spur, ohrenbetäubender Lärm, Hupen, blauer Auspuffdunst – ohne Zweifel, man befindet sich in einem anderen Land, in dem andere Gesetzmäßigkeiten und Gesetze gültig sind.

Im Mittelpunkt der Verkündigung Jesu steht ein neues Reich, das kein Mensch selbst betreten kann. In seinen Gleichnissen, in den vierzig Tagen nach seiner Auferstehung, immer wieder lehrt Jesus über das Reich Gottes, in dem gänzlich andere Lebensbedingungen gelten als in dem Reich des normalen, natürlichen Menschen. Er sagt ihnen: Wer mir nachfolgt, kommt in ein ganz neues Reich und muss einen neuen Herrscher und eine neue Regierungsgewalt über sein Leben anerkennen. Die griechische Übersetzung für das Wort „Reich" ist eigentlich Königsherrschaft. In seinem Reich darf nur leben, wer bereit ist, unter seiner Autorität und Herrschaft zu sein. Diese eigentlich selbstverständliche biblische Aussage wollen wir kurz auf uns einwirken lassen. Wir sollten uns im Klaren sein, dass ich eigentlich immer, wenn ich nach meinem eigenen Willen lebe, schon aus der Königsherrschaft Gottes, seinen Bedingungen und seinen Ordnungen, aber auch aus seinen Segnungen ausgestiegen bin. Deswegen lehrt Jesus seine Jünger: „Dein Reich komme, dein Wille geschehe, wie im Himmel, so auf Erden!" (Matthäus 6,10). Wenn ein Kind vom Vater wegläuft und seine eigenen Wege geht und ihn nur noch bittet, seine Rechnungen zu bezahlen, wird der Vater zu ihm sagen: „Mein liebes Kind, du hast dich für deine eigenen Wege entschieden – jetzt sollst du auch selbst dafür geradestehen. Du darfst jederzeit zu mir zurückkommen, aber ich lasse dich ziehen. Jetzt gehe und lebe dein Leben!" Können wir das als ersten Punkt einmal festhalten:

1. Wir können nur dann im Königreich Gottes leben, wenn wir bereit sind, bedingungslos unter seiner Autorität zu leben.

Die Bibel spricht von zwei Reichen, die einander entgegengesetzt sind. Das Leben in dem einen Reich schließt das Leben in dem anderen aus. Hier gibt es für den Menschen keine doppelte Staatsbürgerschaft. Jedes der Reiche hat vollkommen unterschiedliche Lebensbedingungen, und in jedem regiert eine andere Autorität. Ja natürlich, Jesus, der auferstandene Herr, regiert Gottes Reich, während das Reich dieser Welt unter satanischer Herrschaft ist. Aber die Bibel lehrt ebenfalls sehr klar, dass „Fleisch" und „Geist" unversöhnliche Feinde in zwei ganz verschiedenen Lagern sind.

„Aber fleischlich gesinnt sein ist der Tod, und geistlich gesinnt sein ist Leben und Frieden.“ (Römer 8,6)

Ich möchte kurz versuchen, diese Begriffe mit Leben zu füllen. Menschen mit einer fleischlichen oder einer geistlichen Gesinnung zu treffen, war für Paulus keine Theorie. Er lebte im wahrsten Sinne multikulturell. Wenn er umherreiste, traf er Menschen aus den unterschiedlichsten Ländern. Sie hatten die unterschiedlichsten Ausbildungen und Berufe. Manchmal sprach er mit jüdischen Schriftgelehrten, oder er traf sich mit den griechischen Philosophiestudenten auf dem Areopag, oder er saß wiederum mit anderen zusammen und übte mit ihnen sein Handwerk aus – und alle waren sie auf irgendeine Weise tief religiös. Sie glaubten an die unterschiedlichen Götter und Götzen ihrer Zeit und übten ihre Kulthandlungen aus, opferten und lebten unter ihrem Gesetz. So sehr sie sich auch anstrengten, hatten sie alle etwas gemeinsam: Sie waren von Gott getrennt und lebten im „Fleisch“. Wenn Paulus vom „Fleisch“ spricht, meint er den Menschen, der von Gott abgeschnitten ist und daher, ganz gleich was er tut, aus sich selbst und für sich selbst lebt.[6] Aber was meint er mit „Geist“?

Stellen wir uns als Beispiel einen römischen Christen vor, vielleicht einen hoch gestellten Soldaten, so wie der römische Hauptmann von Kapernaum, oder die Frau eines römischen Geschäftsmanns. Vorher lebten sie nach ihrem eigenem Glauben und Gesetz, und als sie etwas von dem gekreuzigten und auferstandenen Jesus hörten, war es zuerst, als würden sie nichts verstehen. Sie waren wie blind und taub, denn sie lebten nach dem „Fleisch“, und alles, was aus dem „Fleisch“ kommt, ist für Gott völlig unannehmbar (Römer 7,18). Können wir das fassen? Es ist, als ob bei einem Fernseher die Antenne nicht funktionsfähig ist. Vielleicht wurde er direkt aus dem Sony-Center in Berlin angeliefert und ist vom Allerfeinsten, aber ohne Antenne hat er nun einmal keinen Empfang.

Vielleicht können Sie sein Gehäuse noch als Aquarium verwenden, aber ohne Antenne ist er als Fernseher völlig unbrauchbar. Das meint Paulus, wenn er sagt, dass im „Fleisch" nichts Gutes wohnt. Ohne es zu wissen, waren unsere beiden Römer unter einer falschen Herrschaft und Feinde Gottes (Römer 8,7).

Aber schauen wir uns die beiden nach ihrer Bekehrung noch einmal an. Irgendwie sind sie verändert. Etwas in ihnen ist wie aufgeweckt. Jetzt scheint es in ihnen eine Instanz zu geben, die mit Gott in Beziehung treten kann. Auf einmal hören sie seine Stimme und verstehen, was er ihnen sagt. Gottes Wille ist für sie nicht die Erfüllung eines moralischen Tugendkatalogs eines himmlischen Despoten, sondern ein Ausdruck der Fürsorge und Liebe ihres himmlischen Vaters. Sie leben nicht mehr unter einem Gesetz, das sagt: „Du musst", sondern sind unter der Gnade, und sagen: „Ich will!" Gottes Wille ist in ihr Herz geschrieben (Hebräer 8,10), und so wie einer, der den anderen liebt, ihm gerne dient, ist es für sie die größte Freude ihrem Herrn und Gott gehorsam zu sein. Das sollten wir als zweiten wichtigen Punkt festhalten: Kein Mensch kann gleichzeitig aus dem „Fleisch" und unter der Herrschaft Gottes leben! Mit anderen Worten, um es noch verständlicher zu machen:

2. Kein Mensch kann gleichzeitig für sich selbst und unter Gottes Autorität leben.

Was war bei unseren Römern passiert? Um sie besser zu verstehen, müssen wir uns vor Augen führen, dass die Gesamtheit des menschlichen Wesens aus drei Bereiche besteht: Geist, Seele und Leib (1. Thessalonicher 5,23). Die Bibel beschreibt den Menschen, der nach Gottes Bild, „uns ähnlich" (1. Mose 1,26), als dreieiniges Wesen geschaffen wurde. Der Geist entstand durch den Atem Gottes, der ihm eingehaucht wurde. Er ist die einzige Instanz des Menschen, durch die er mit Gott in Verbindung zu treten vermag. Aber das war bei unseren Freunden nicht möglich! Ihr Geist war nicht funktionsfähig, wie die nicht funktionierende Antenne eines Fernsehers, die nicht empfangsbereit ist. So ist der Zustand aller Menschen. Vom Kontakt und der Beziehung mit Gott abgeschnitten, fiel der Geist des Menschen wie in ein Koma. Er ist für die Stimme Gottes taub geworden und für die Wege Gottes wie verblendet (1. Korinther 2,14; 2. Korinther 4,4). Aber dafür regiert ihn umso mehr seine Seele! Sie ist die treibende Kraft der individuellen Persönlichkeit, sie ist sein Ratgeber, aber auch sein Befehlshaber. Hier ist der Sitz des „Ichs", das wie in einer gigantischen Schaltzentrale alles menschliche Verhalten kontrolliert. Stellen wir uns vor, das Kontrollsystem des „Ichs" hat drei Schaltkreise: Wille, Verstand und Gefühl. Wir treffen persönliche Entscheidungen, indem wir sagen: „Ich will", „Ich denke" oder „Ich fühle". Eigentlich hatte Gott die Seele des Menschen dazu geschaffen, unter seiner Herrschaft zu leben, aber der sündige Ungehorsam des Menschen hatte katastrophale Auswirkungen: Wie ein falscher Herrscher setzte er sich widerrechtlich auf den Thron der menschlichen Persönlichkeit. Die Bibel nennt ihn den „alten Menschen" oder das „Ich" oder das „Selbst"[7], und dieser bestimmt, wie sein Leben in allen Facetten und Auswirkungen gestaltet werden soll. Macht das „Ich" sich selbstständig, schaltet es die Regungen des Geistes aus und es entsteht der „seelische" oder auch der „natürliche Mensch". Obwohl er meint, frei zu sein, ist er tief verstrickt und durch sich selbst geknechtet. Er lebt von dem, was ihm geboten wird und ihn befriedigt, was er benötigt und wonach ihn verlangt. Sein Denken und Handeln sind von seinen Bedürfnissen bestimmt. Natürlich kann er, obwohl von Gott isoliert, große und bewundernswerte Kräfte freisetzen, er vermag Gewaltiges in Kunst, Wissenschaft und Technik zu leisten, ebenso moralisch hoch stehend und tief religiös zu sein. Aber dennoch wurde er wie jedes andere Kind mit dem König „Selbst" auf dem Thron in die Welt hineingeboren.

Wenden wir uns wieder unseren römischen Freunden zu. Warum sind sie auf einmal verändert? Gott ist ihnen in seiner grenzenlosen Liebe begegnet. Wie das geschah, weiß ich nicht. Es wird so unterschiedlich sein, wie Gott bei Ihnen und mir und jedem Einzelnen ins Leben tritt. Aber was bei ihnen geschah, war das Wunder einer Neuschöpfung, die sich jedes Mal wiederholt, wenn ein Mensch sein Leben unter die Herrschaft Jesu stellt und sich entscheidet, ihm nachzufolgen. Gott weckt seinen Geist auf und gibt ihm die zugedachte Funktion wieder. Er kann die Stimme Gottes hören, ihm folgen und unter der Autorität des Vaters leben. Die Schaltzentrale Ihrer Seele hat einen anderen Kontrolleur und Steuermann bekommen. Sie haben den „alten Menschen" mit seinem „Ich" hinausgeworfen und leben unter der Herrschaft Jesu. Sie sind von „Feinden" unter der Herrschaft und Sklaverei der Finsternis zu Kindern Gottes geworden. Sie haben Ihr „Selbst" deaktiviert und als Instrument unwirksam gemacht. Es gibt nur einen Ort, an dem das geschehen kann – am Kreuz von Golgatha! Das sollten wir als dritten Punkt festhalten:

3. Der einzige Ort, an dem wir unser „Selbst" unwirksam machen können, ist das Kreuz von Golgatha.

„Wir wissen, dass unser altes Selbst mit ihm ans Kreuz genagelt ist, damit unser Leib, der ein Instrument der Sünde ist, unwirksam (deaktiviert, beseitigt, vernichtet) für das Böse wird, so dass wir nicht länger Sklaven der Sünde sind." (Römer 6,6)[8]

Gehen wir noch einmal in Gedanken zurück zu den beiden Reichen, die ich eingangs des Kapitels erwähnte. In jedem dieser Reiche gibt es einen Herrscher, der es ungeteilt und konkurrenzlos beherrschen will. Wer das Königreich Gottes regiert, wissen wir, aber wer regiert das „alte Reich", das „Reich dieser Welt"? Ist es Satan, der auch „Fürst dieser Welt" genannt wird? Nein, der eigentliche Herrscher in diesem Reich ist der „alte Mensch", der Selbstwille des Menschen, der sich von Natur aus Gott widersetzt und im Ungehorsam seine eigenen Wege geht.

Nur wenige Christen wollen zugeben, dass ihr Leben als Christ nicht wirklich unter der Herrschaft Jesu steht. Sie sind gleichgültig darüber, dass der „alte Mensch" langsam und unmerklich durch die Hintertüren ihres Lebens wieder die Schaltzentrale ihrer Persönlichkeit besetzt hat. Andere haben ihr „Selbst" noch nie wirklich ans Kreuz gebracht.

Vielleicht haben Sie Ihr Leben Jesus übergeben und folgen ihm als Christ nach – aber das Gesetz der Sünde regiert noch kräftig in Ihren Gliedern und Sie werden es nicht los! Vielleicht haben Sie die „groben Sünden" hinter sich gelassen; aber eigentlich sind Sie noch nicht zur Gnade Jesu durchgebrochen. Sie leben noch unter dem Gesetz des „alten Reiches", und Ihr Leben ist voller Selbstsucht, Anklage und Murren, Niederlage, Unbefriedigtsein, Aufruhr und Fruchtlosigkeit. Es gibt nur einen Weg: Das „Selbst" muss mit allen seinen hässlichen Erscheinungsbildern ans Kreuz. Wer dies tut, wird zur Gnade Jesu durchbrechen und ihm mit einem kindlichen Gehorsam folgen. So oft erlebe ich Menschen, die meinen, sie könnten eine billige Version des Christseins leben. Sie gehen in Konferenzen, Kirchen und Gemeinden und wollen zum billigsten Angebot die Segnungen des Reiches Gottes erlangen. Wollen wir uns wirklich von der „Ich-Generation" in dieser Zeit unterscheiden und Salz und Licht in unserer Gesellschaft sein? Dann wird es Zeit, mit dem „Ich mache, was ich will"-Christsein aufzuhören. Hören Sie, Jesus hat für Sie und mich mit seinem Leben den höchsten Preis bezahlt – sollten wir ihm dann nicht mit unserem Leben alles geben? Sind Sie bereit, zum Abschluss des Kapitels, Ihrem „Selbst" mit allen seinen Machenschaften ehrlich ins Auge zu blicken?

- Selbstwille: Ich gehe meinen eigenen Weg, auch auf die Gefahr hin, dass ich Gott ungehorsam bin.
- Selbstbezogenheit: Für mich ist nur von Wert und Interesse, was mich selber angeht. Irgendwie bin ich immer der Mittelpunkt der Welt. Ich will immer die erste Rolle spielen.
- Selbstbehauptung: Ich möchte gesehen werden, damit man mich beachtet und von mir spricht. Ich beherrsche die Unterhaltung und spreche meistens von mir selbst.
- Selbstgefälligkeit: Ich versinke in Missmut oder werde mürrisch, wenn nicht alles in meinem Leben meinen wirklichen oder eingebildeten Bedürfnissen dient.
- Selbstsucht: Ich bin ständig auf der Suche nach den eigenen Vorteilen. Ich suche mit Eifer Anerkennung, Stellung und Einfluss. Bekomme ich es nicht, mache ich andere dafür verantwortlich.
- Selbstmitleid: Ich klage über meine Beziehungen zu anderen. Mein Klagen, Leiden oder Unbehagen steht derart im Mittelpunkt meines Lebens, dass ich mich und andere damit unglücklich mache.
- Selbstempfindlichkeit: Ich bin tief innerlich verletzt. Sobald mir jemand zu nahe kommt, reagiere ich abweisend und ziehe mich in mich selbst zurück.
- Selbstvertrauen: Ich verlasse mich lieber auf mich selbst als auf Gott. Eigentlich brauche ich niemanden. Deswegen neige ich zur Selbstüberschätzung und löse bei anderen Minderwertigkeit aus.
- Selbstgenügsamkeit: Ich brauche nichts und niemanden anderen als mich selbst. Deswegen lasse ich mich nicht in meinem Standpunkt erschüttern und habe kaum Bedürfnis nach Veränderung oder mehr.
- Selbstbewusstsein: Ich vergesse meine Interessen nie. Wohin ich auch gehe, werfe ich meinen Schatten voraus. Ich bin an mich selbst gekettet, und wohin ich auch komme, hört man meine Ketten rasseln.

Lesen Sie diese Liste doch einfach betend durch. Sie ist nicht vollständig und soll Ihnen an einigen Punkten helfen, sich darin wiederzuentdecken und Ihr „Ich“ oder „Selbst“ zum Tode ans Kreuz zu bringen. Jesus ist für Sie gestorben, damit Sie leben können. Sein wunderbares Blut wird Sie von aller Schuld und Sünde reinwaschen. Ich bin davon überzeugt, dass gerade jetzt der Heilige Geist Sie berührt und Ihnen helfen will. Warum knien Sie sich nicht an einem geschützten Ort hin, bitten Jesus um Vergebung und bringen im Gebet Ihr „Selbst“ zu Jesus ans Kreuz? Der himmlische Vater will Ihnen mit seiner Liebe neu begegnen und Sie anzünden. Sie werden aufstehen und mit Paulus sagen: „So gibt es keine Verdammnis für die, die in Jesus Christus sind. Denn das Gesetz des Geistes, der lebendig macht in Christus Jesus, hat mich frei gemacht von dem Gesetz der Sünde und des Todes!“ (Römer 8;1.2)

„Ich lebe, doch nun nicht ich, sondern Christus lebt in mir. Denn was ich lebe im Fleisch, das lebe ich im Glauben an den Sohn Gottes, der mich geliebt hat und sich selbst für mich dahin gegeben.“ (Galater 2,20)

1968 war das Geburtsjahr eines revolutionären Aufbruchs, der das „Selbst“ inflationär in den Mittelpunkt stellte. Der Mensch verwirklichte von jetzt an „sich selbst“. In der Psychologie, Sexualität oder auch in der Esoterik propagierte man die „Selbsterfahrung“. In der Ökologie wurde der Mensch zum „Selbsterzeuger“ und als Ausdruck der Eigeninitiative entstanden „Selbsthilfegruppen“. Wer wird in diesem Jahrzehnt den Grund legen für die neue Generation? Wenn es die Christen anderen überlassen, haben sie ihren Auftrag verpasst. Gott hat alles vorbereitet. Seine Kraft ist so unermesslich größer als alle destruktiven Kräfte des letzten Jahrhunderts. Es gibt Millionen in dieser Nation, die auf das Evangelium warten. Sie warten auf ein Evangelium, das echt ist und Menschen verändert. Sie schauen aus nach heilen und wiederhergestellten Menschen, die ihr Leben mit Jesus authentisch leben. Das sind Christen, die im Verborgenen gehorsam sind und mit leidenschaftlicher Hingabe an die Bibel, im Fasten und Gebet, in der Hingabe an Arme und Verlorene Gott dienen. Sie suchen gesunde Familien, in denen „sich die Herzen der Väter zu den Kindern, und die Herzen der Kinder zu den Vätern kehren“ werden (Maleachi 4,6). Sie brauchen lebendige und stabile Gemeinden, die sich nicht aus ihrer Verantwortung zurückziehen, sondern die bereit sind in der Gesellschaft ihre Verantwortung wahrzunehmen.

Wir haben gelernt, dass das Sichtbare einer Nation ein Spiegelbild geistlicher Realitäten ist. Das Volk Gottes kann mit stellvertretender Buße Nationen verändern. Wird es seine Chance wahrnehmen? Wir werden dies nur in Glaubensvollmacht tun können, wenn wir bereit sind, uns über unseren eigenen Individualismus und Relativismus zu beugen und von Herzen darüber Buße tun.

„Wer meine Gebote hat und hält sie, der ist's, der mich liebt. Wer mich aber liebt, der wird von meinem Vater geliebt werden, und ich werde ihn lieben und mich ihm offenbaren.“ (Johannes 14,21)

Wer Jesus liebt und unter seiner Herrschaft lebt, hat keine Alternative dazu, ihm in kindlichem Gehorsam nachzufolgen. Wo der himmlische Vater das sieht, kann er sich nicht zurückhalten. Er macht sich auf, uns neu mit seiner Kraft und dem überfließenden Reichtum seiner Herrlichkeit zu begegnen! Und es kommt noch besser – er lässt unseren Glauben stark werden, damit wir neues Land einnehmen können.

Anmerkungen

1) Darauf wies mich in einem eindrücklichen Gespräch Dr. Michael Brown, USA/Pensacola von der „FIRE – School of Ministry“ hin.

2) Ich verzichte hier auf eine Quellenangabe. Das Zitat ist in einschlägiger Literatur leicht zu finden.
3) John Wimber, in: Equipping the Saints, Sommer 1989, S. 4-6; 21-22
4) Duden, Bd. 3, Mannheim, Wien, Zürich, 1977, S. 1329
5) Ebd., Bd. 5, Mannheim, Wien, Zürich, 1980, S. 2140
6) Hier ist nicht der Ort den neutestamentlichen Begriff „Fleisch" umfassend darzustellen. Vgl. dazu Begriffslexikon zum Neuen Testament, Bd. 1, Wuppertal, 1983, S. 342
7) Der Ausdruck „alter Mensch" kommt nur dreimal in der Bibel vor: Epheser 4, 22; Kolosser 3, 9; Römer 6, 6) Dasselbe ist auch ausgedrückt in dem Wort „Ich" in Galater 2, 19.
8) The Amplified Bible, Michigan, 1987; die Ergänzungen in der Klammer sind von mir hinzugefügt worden.

Kapitel 5

Die radikale Salbung des Glaubens

... oder die Autorität des kindlichen Gehorsams

Ich muss daran denken, wie ich als junger Christ eine Gebetszeit hatte und den Herrn fragte, was ich jetzt als Nächstes lernen sollte. Ich war hungrig, in meinem Glauben weiter zu wachsen und erwartete, einen besonderen Missionsauftrag zu bekommen, irgendetwas Herausforderndes; ich wollte neue Abenteuer mit Gott erleben. Aber Gottes Antwort war absolut anders, als ich es erwartet hatte. „Jobst, ich möchte, dass du lernst, mir sofort gehorsam zu sein!" Grundsätzlich hatte ich mich schon entschieden, Gottes Willen zu tun, aber es war bei mir wie bei einer alten Lokomotive, die erst einmal angeheizt, unter Dampf gebracht und langsam auf Touren kommen musste – und wenn ich dann soweit war, hatte ich längst vergessen, worum der Heilige Geist mich gebeten hatte. Ich wusste nicht, dass die Antwort Gottes der Start eines langen Weges war, auf dem ich die radikale Salbung des kindlichen Gehorsams kennen lernte.

Charlotte und ich saßen in einem Gebetskreis mit anderen zusammen. Unser Seelsorgedienst hatte uns zwei Jahre lang stark in Anspruch genommen und wir dachten, dass wir irgendwo in Deutschland ein Seelsorgezentrum aufbauen sollten. Mitten im Gebet sprach der Heilige Geist zu uns: „Hört sofort auf für bekehrte Menschen zu beten und euch um sie zu kümmern! Geht zu den Verlorenen und rettet sie aus der brennenden Stadt!" Nun ist daran ja nichts Verkehrtes, für bekehrte Menschen zu beten – aber der Heilige Geist drängte uns, direkt zu reagieren. Wir stoppten mitten im Gebet und einige unserer Geschwister schauten uns etwas irritiert an. Aber Gott stellte uns plötzlich an eine Weggabelung – und unser direkter Gehorsam entschied, ob er uns vertrauen konnte. Wir mussten direkt reagieren. An diesem Tag verabschiedeten wir unseren Fürbitte- und Seelsorgedienst und gingen die ersten Schritte auf dem Weg, Menschen aus ihrem New Age- und Esoterikhintergrund herauszurufen. Daraus entstand eine lokale Erweckungsgemeinde, auf deren Spuren man in Tübingen sehr oft trifft. Aus ihr sind nationale und internationale Dienste entstanden. Ihre Salbung ist gleichzeitig auch ihr Kennzeichen – ein kindlicher Gehorsam, der spontan auf Gottes Reden reagiert. Wären wir hier nicht direkt gehorsam gewesen, wären die TOS-Dienste nicht entstanden. Wir müssen lernen, gehorsam zu sein, wie töricht und unwesentlich es auch aussehen mag.

Omar und Marfa Cabrera hatten Charlotte und mich Anfang der 90er Jahre zu sich nach Argentinien eingeladen. Wir hatten das Privileg, mit eigenen Augen zu sehen, was Gott tut, wenn seine Diener ihm gehorsam sind. Omar Cabrera war einer der Väter der Erweckungsbewegung in Argentinien und für unser Leben einer der geistlichen Väter, die uns am meisten geprägt haben. Omar öffnete mit seinem Gebet Städte und Nationen für das Evangelium. Er schloss sich in einem Hotelzimmer ein und betete über einer Stadt, bis sie von Mächten befreit und offen für das Evangelium war. In seinen Versammlungen gab es eine gewaltige Heilungssalbung. Er brauchte nicht mehr für die Menschen zu beten – er rief sie einfach nach vorne. Ich erinnere mich noch, wie wir in einem Stadion mit ca. 20.000 Menschen zusammen waren und sie geheilt nach vorne liefen: Blinde warfen ihre Stöcke weg, Gelähmte stiegen aus ihren Rollstühlen und kamen nach vorne; Gott war souverän am Wirken. Omar hatte die Bewegung „Visión de Futuro“ mit über 120.000 Gemeindemitgliedern durch eine Evangelisationskampagne gestartet, in der er über 300 Tage an jedem Abend predigte. Wenn ich seine Pastoren und Leiter heute frage, was das Geheimnis seiner Salbung ausgemacht hat, sagen sie mir zwei Dinge: 1.: Er hat uns geliebt, und 2.: Er war Gott gehorsam! Was für ein gewaltiges Zeugnis!

Zehn Jahre später führte ich in Buenos Aires eine Gebetskonferenz durch. Gott hatte uns mit Argentinien verbunden und Buenos Aires zum Brückenkopf unseres Dienstes in Lateinamerika gemacht. Von der Erweckung in Argentinien waren nur noch die großen Gemeinden übriggeblieben, und die wirtschaftliche Situation war katastrophal. Eigentlich war diese Gebetskonferenz nur Nebensache – der eigentliche Grund für unsere Zeit in Buenos Aires war ein ganz anderer. Gott hatte uns darum gebeten, uns in Buenos Aires in einem Hotel einzuschließen, um für die schwierige Situation in dieser Nation zu beten. Sicherlich war das ungewöhnlich; warum sollten einige Deutsche ausgerechnet in einem Hotelzimmer für eine Erweckungsnation beten? Aber wir taten es und flogen mit einem Team von ca. 20 Leitern los. Am ersten Tag sprach der Heilige Geist über einen Wachwechsel: Er würde statt der Väter eine neue Armee des Gebets in Argentinien rufen. Am gleichen Tag bekamen wir einen Anruf. Omar war an demselben Tag, als wir das Land betraten, zu seinem Herrn gegangen. Welch ein Privileg und Vorrecht, seine Gebetsstafette zu übernehmen! Abends geschah, worüber der Heilige Geist tagsüber zu unserem Team geredet hatte. Am zweiten Abend bat der Herr mich, eine 24-Stunden-Gebetskette freizusetzen. Es meldeten sich ungefähr 500 Menschen. Das war für Argentinien schon eine kleine Sensation. Während ich die Kette vorstellte, sprach der Heilige Geist zu mir: „Ich möchte, dass du 50.000 Menschen in Argentinien zum Gebet mobilisierst. Sprich es jetzt aus, dass es in den nächsten 6 Monaten passieren wird." Ich zögerte kurz, aber ich hatte etwas gelernt – direkten, kindlichen Gehorsam. Als ich es aussprach, stutzte Ruben, mein Übersetzer und Leiter der lateinamerikanischen Arbeit, und sah mich ungläubig an. In Argentinien – unmöglich! Ein Pastor sagte in Buenos Aires einmal zu mir: „Wir Pastoren können hier fast alles, aber beten haben wir nicht gelernt!" Aber es war ausgesprochen – 50.000 Beter – eine neue Gebetsarmee in Argentinien. Sechs Monate später reiste ich durch alle Provinzen Argentiniens. Überall öffneten sich die Türen weit, Pastorenbruderschaften von Baptisten, Pfingstlern und freien Gemeinden, ganz gleich aus welchen Denominationen – am Ende dieser Zeit hatte sich das prophetische Wort erfüllt. Diese Bewegung wurde zur ersten nationalen Gebetsbewegung Argentiniens, in der heute ca. 70.000 Beter zusammengefasst sind. Warum konnte das geschehen? Ich glaube, dass es nur einen Grund gibt: kindlichen Gehorsam. Der himmlische Vater fragte uns, und wir hatten gelernt, es sofort zu tun! Wiederum sechs Monate später bat uns der Herr, die Verantwortung für diese Gebetskette in argentinische Hände zurückzulegen. Das taten wir, denn unser Erfolg liegt nicht in großen Zahlen, sondern in unserer Treue gegenüber Gott. Als wir die Verantwortung über die neue argentinische Gebetsarmee an seinen Sohn Omar jr. übergaben, wussten wir, dass der Wachwechsel vollzogen war.

Ich definiere die radikale Salbung des kindlichen Gehorsams als einen königlichen Weg, der mich aus der Liebesbeziehung zum himmlischen Vater fähig macht, mein „Ich" mit Jesus Christus zu kreuzigen und selbstlos seinen Willen zu tun. Zunächst aber geht es Gott ganz einfach um unseren Glauben! Um diesen Glauben zu leben, sollten wir drei Geheimnisse kennen lernen, die unser Leben verändern können.

1. Jeder Mensch hat bereits Glauben!

Oft komme ich mit Menschen zusammen, die sagen, dass sie keinen Glauben hätten. Die Bibel sieht das ganz anders. Wie ihre Augen, Mund und Nase haben sie mit ihrer Geb Gott Glauben mit auf den Weg bekommen. Es gibt keinen Menschen, der nicht glauben kann. Der ungläubigste Atheist glaubt immer noch an seinen Atheismus! Gott hat jedem Menschen Glauben gegeben, die Frage ist nur, was wir mit ihm machen. Dieser Glaube ist kein Fluidum, das uns wie ein unsichtbarer Nebel umgibt. Er ist real, muss wachsen und trainiert werden. Tun wir das nicht, bleibt er unterentwickelt und ohne Autorität. Nur wenn wir unsere Glaubensmuskeln wie in einem Bodybuilding-Studio wachsen lassen, wird er Heilungen, Wachstum und Frucht hervorbringen und unsere Umgebung verändern. Warum denken wir, dass uns unser Glaubenswachstum automatisch zufallen würde? Wenn ein Sportler sich auf einen Wettkampf vorbereitet, wird er sorgfältig trainieren. Er wird Zeit, Geld und Kraft dafür verwenden. Ebenso würden Sie sehr wahrscheinlich alles investieren, um Ihre Berufsausbildung oder Examen bestmöglich zu bestehen. Glaubenswachstum passiert nicht von selbst – es kostet unsere Investition und Hingabe! Erlauben Sie Ihrem Glauben zu wachsen, damit Sie ausgerüstet und voller Kraft die Werke Gottes tun können.

„Denn alles, was von Gott geboren ist, überwindet die Welt; und unser Glaube ist der Sieg, der die Welt überwunden hat.“ (1. Johannes 5,4)

2. Ihr Glauben wird trainiert und wächst durch sofortigen kindlichen Gehorsam!

Lassen Sie uns in der Bibel einige Wachstumsstufen des Glaubens betrachten. Dabei geht es nicht um eine Art Rangordnung. Der Glaube wird im Wort Gottes nicht als eine feste Größe beschrieben, sondern als etwas, das abnehmen oder zunehmen kann. Dabei müssen wir feststellen, dass es nur eine Quelle des Glaubens gibt – und die ist Gott selbst.[1]

Kein Mensch kann Glauben selbst produzieren oder hervorbringen, genauso wenig, wie er selbst die Muskeln und Sehnen seines Körpers erschaffen kann. Jesus ist der Anfänger und Vollender des Glaubens, denn er ist das lebendige Wort (Hebräer 12,2; Johannes 1,1-4). Trotzdem müssen wir bei der Betrachtungen einiger Bibelstellen „Qualitätsunterschiede" des Glaubens feststellen, die durch unser Handeln bestimmt werden (Jakobus 2,22). Gott hat das Wachstum unseres Glaubens in unsere eigene Hand gelegt.

Römer 4,19 spricht von dem „schwachen" oder auch „kraftlosen Glauben"[2], der von den Umständen abhängig ist, die ihn umgeben. Er schaut ständig auf seine Begrenzungen und erwartet nicht, dass sie durch die Kraft Gottes verändert werden. Er kann sich nicht vorstellen, dass Gott mächtig ist, weit über seine Erwartungen hinaus Wunder zu tun!

Lukas 8,13 spricht vom „entwurzelten Glauben", der eine Zeitlang anhält, aber dann wie Sand zwischen den Händen verrinnt. Er ist extrem schwankend und hält in schwierigen Zeiten nicht stand.

Jakobus 2,2-14 spricht vom „aktiven Glauben", der allein Kennzeichen eines lebendigen Glaubens ist. Er ist ein Glaube, der handelt, der die Kraft hat, Anfechtungen und Angriffe zu überwinden.

Römer 4,20 spricht von einem „starken Glauben", der Gottes Verheißungen nicht mehr loslässt und Niederlage und Entmutigung zu überwinden vermag.

Matthäus 8,10 spricht beim Hauptmann von Kapernaum von einem „sehr großen Glauben", der entschlossen ist, die Heilung seines Sohnes zu empfangen. Er baut seinen Glauben nicht auf seine Handlung auf, sondern allein auf das Wort, das er von Jesus gehört hat.

1. Timotheus 1,5 spricht vom „ungefärbten Glauben", der in allen Bereichen seiner Persönlichkeit ohne Heuchelei sein Vertrauen auf Gott setzt.

Matthäus 15,28 spricht vom „großen Glauben" der kananäischen Frau, die kein „Nein" akzeptiert und die Heilung ihrer Tochter erringt.

Jakobus 2,22 spricht vom „vollkommenen Glauben", der Gottes Wort empfängt und ihm, wie Abraham, trotz aller widrigen Umstände gehorsam ist und Träger der Verheißungen Gottes wird.

Was tun Sie mit Ihrem Glauben? Paulus gibt seinem geistlichen Sohn und Mitarbeiter einen wichtigen Rat: „Trainiere dich selbst in deinem geistlichen Leben!" (1. Timotheus 4,7). Wir sind da oft sehr kompliziert und denken, dass wir große geistliche Klimmzüge vollziehen müssten. Nein, der Schlüssel der Autorität Jesu und der radikalen Salbung durch den Heiligen Geist heißt „Sofort"! Gott erwartet vielleicht etwas ganz anderes von Ihnen als von Ihrem Nächsten. Vielleicht erscheint es Ihnen wenig und gering zu sein. Aber jeder Schritt, auf sein Wort zu hören und es kindlich zu tun, ist ein Wachstumsschritt des Glaubens.

3. Der Glaube wird durch kindlichen Gehorsam aktiviert!
Manchmal frage ich mich, wie die wunderbaren Verheißungen über den Glauben für den normalen Christen real werden können. Wir fühlen uns ermutigt, wenn Männer und Frauen Gottes uns erzählen, wie herrlich das Leben aus dem Glauben sein kann. Aber insgeheim gehören wir dann doch zu den Christen, die sehr oft wie die Ertrinkenden sind, die sich an den zerbrochenen Schiffsplanken ihres Glaubens festhalten. Wir wissen, dass der Glaube durch das Wort Gottes entsteht. Wir lernen, es zu lesen, es in uns zu bewegen, es in Autorität zu beten oder zu proklamieren. Aber dennoch ist unser Glaube wie ein Space Shuttle, das mit höchster Kraft die Umlaufbahn des Glaubens erreichen kann – aber es ist nicht aktiviert! Alles ist vorhanden – die Besatzung ist an Bord. Der Countdown läuft. Aber wer wird das Space Shuttle in die Umlaufbahn des Glaubens schießen? Wer wird diese unge-

heure Kraft freisetzen? Ich kann es Ihnen sagen: Es ist, wer das Wort hört und exakt zum richtigen Zeitpunkt die Rakete aktiviert! *Three ... two ... one ... zero* – und der Startknopf wird gedrückt. Stellen Sie sich vor, der entscheidende Mann wäre genau zu diesem Zeitpunkt unaufmerksam und hätte sich verspätet. Alles wäre umsonst gewesen. Die ungeheure Kraft und Autorität des Glaubens wird durch kindlichen Gehorsam aktiviert! Ich glaube, nichts macht Jesus mehr Freude. Deswegen sagt er:

„Wenn ihr in mir bleibt und meine Worte in euch bleiben, werdet ihr bitten, was ihr wollt, und es wird euch widerfahren!" (Johannes 15,7)

Manchmal bewundere ich geistliche Visionäre, die ganze Konzepte und Strategien von Gott empfangen haben und deren Leben wie ein aufgeschlagenes Buch vor ihnen liegt. David Yonggi Cho, der Gründer und Pastor einer der größten Kirchen der Welt, hat uns in seinen Büchern[3] gelehrt, dass wie bei Abraham Träume und Visionen die Grundlage des Glaubens sind. Aber die besten Träume und Visionen, Strategien und Konzepte werden nichts bewirken, wenn wir es nicht gelernt haben, direkt und unverzüglich auf Gottes Reden zu reagieren. Nun sind wir nicht so heilig, dass wir immer alles direkt „von oben" im Gebet empfangen. Wenn wir es nicht gelernt haben, auf Menschen zu hören, durch die der Herr zu uns reden will, wie sollen wir dann denken, dass er zu so stolzen Menschen irgendwie im Gebet reden könnte? Manche Menschen sind da besonders heilig. „Ich höre nur auf Gott", sagen sie mit dem frömmsten Augenaufschlag und meinen eigentlich nur: „Ich lebe, wie ich will!"

Bei Charlotte und mir war das anders. Die entscheidenden Weggabelungen in unserem Leben geschahen dort, wo wir es zuließen, dass Gott durch andere Menschen zu uns reden konnte.

Ich bin davon überzeugt, dass es für den kindlichen Gehorsam mehrere Ebenen gibt, in denen der Herr uns testet, ob wir mitmachen. Sehr oft bittet er uns um Dinge, die uns nicht leicht fallen oder die wir nicht unbedingt wollen. Bewähren wir uns in unserem persönlichen Bereich, gibt er uns eine Last für unsere Umgebung oder für unsere Stadt und prüft, ob wir auch dort treu sind. Ich erinnere mich, wie wir mit drei anderen Ehepaaren, mit denen wir eineinhalb Jahre zusammen bis tief in die Nacht beteten, vom Herrn gefragt wurden, ob wir es eigentlich ernst meinten, was wir beteten. Ein großer Teil von uns waren Studenten an der Uni in Tübingen, und jeder von uns musste sich überlegen, wie es nach dem Studium weitergehen würde. Wenn wir bereit sind, mit Gott ernst zu machen, dann macht Gott auch mit uns ernst. „Seid ihr bereit, auch nach dem Studium in der Stadt zu bleiben, um hier zu dienen?", so empfanden wir die Frage Gottes an uns – und wir hatten an diesem Abend eine klare Antwort zu geben. Charlotte und mir fiel die Antwort nicht leicht. Dann schlossen wir mit den anderen einen Bund – und wir fühlten uns dabei ziemlich heroisch: „Herr, wir sind bereit, für mindestens zehn Jahre in Tübingen zu bleiben!" Ich glaube, dass der Herr ein wenig gelächelt hat. Wir sind jetzt über zwanzig Jahre in unserer Stadt. Ein Ehepaar ging nach Rumänien und führt dort eine erfolgreiche Gemeindearbeit durch. Das zweite Ehepaar leitet unser Zentrum in Weißrussland unter Drogenabhängigen und Aidskranken. Das dritte Ehepaar haben wir in diesem Jahr zusammen mit ihren vier Kindern nach Lima/Peru ausgesendet und sie bauen dort ein Dorf für Straßenkinder auf. Gott testete unsere Bereitschaft, Verantwortung zu tragen, und führt uns, wenn wir nicht nur Reich Gottes spielen wollen, sondern bereit sind, uns wirklich von ihm in die Verantwortung nehmen zu lassen, auf eine nächste Ebene – des kindlichen Gehorsams für eine ganze Nation.

Um das Folgende richtig zu verstehen, muss man wissen, dass ich eine Sportart überhaupt nicht mochte – und das war

Joggen! Mein Sportlehrer meinte, dass ich in meinem Sportdress zwar eine gute Figur machte, aber mich nicht zu viel bewegen sollte, um das Bild nicht wieder zu zerstören. Vielleicht war das der Grund, warum ich Joggen absolut affektiert und „unter meiner Würde" fand. Aber ich liebte es zu evangelisieren! Und es kam, wie es kommen musste! 1989 fand in Deutschland der „Fackellauf für Jesus" statt, und überall in unserem Land wurde eine Fackel durch die Regionen getragen. Doch irgendwie fehlte noch eine zentrale Aktion – eine Fackel sollte von Flensburg am äußersten Punkt des Nordens zum südlichsten Punkt Deutschlands nach Oberstdorf gebracht werden. Am Nachmittag sollten in den Städten spezielle Aktionen, Straßenevangelisationen oder Ähnliches durchgeführt werden. Man fragte uns, ob wir diese Aktion leiten würden, und geleitet von dem schönen Gedanken, dass wir somit auf ideale Weise die Gelegenheit bekommen würden, in den Städten das Evangelium zu verkündigen, sagten wir zu.

Jetzt saßen wir also mit den Leitern des Fackellaufes im Büro von Walter Heidenreich in Lüdenscheid zusammen. Alles war eigentlich sehr ermutigend und einfach und wir waren fast am Ende unserer Besprechung – bis mir noch eine Frage einfiel, die ich vielleicht besser nicht hätte stellen sollen. Sie müssen wissen, bis dahin hatte ich mir vorgestellt, dass wir uns schon irgendetwas überlegen würden, um diese Fackel von Norddeutschland in den Süden zu bringen. Vielleicht ging es ja mit einem offenen Verdeck in einem Auto, oder wir konnten sie zur Not auch mit dem Fahrrad transportieren. Also, die Frage: „Wie transportieren wir eigentlich die Fackel?" Ich erinnere mich jetzt noch an Walters Gesicht. Er grinste mich breit an: „Ihr müsst rennen!" Ich fiel fast vom Stuhl. Walter und Helmut Diefenbach ebenfalls – aber vor Lachen. Wir hatten also, ohne es zu wollen, zugesagt, 1600 km durch Deutschland zu joggen. Es war der Start einer in dieser Art wohl einmaligen Aktion, die wir „Gideon 300" nannten. Wir rannten mit ca. 300 jungen Leuten mit einer Fackel durch das Land und genossen jeden Kilometer. Gott lehrte uns, für die Nation zu beten und sie buchstäblich mit unseren Füßen einzunehmen. Und unser Herzenswunsch wurde erfüllt – auf den Marktplätzen und in Schulklassen gaben so viele ihr Leben Jesus, wie wir es noch nicht erlebt hatten. Gemeinden berichteten später von ihrem Wachstum, und in Süddeutschland durften wir helfen, einen neuen überkonfessionellen Missionsdienst zu gründen. Warum konnte das passieren? Ich habe eine einfache Antwort. Weil ein kindlicher Glaube sich nicht zurückzieht und keine Rückzieher macht.

Viele haben, wenn es um Dinge geht, die sie nicht so gerne mögen, ihre Ausflüchte. Bei manchen beginnt es schon im persönlichen Bereich, wo die Grenze des Gehorsams von der eigenen Lust oder Unlust gesetzt wird. Wie oft werden Rückzieher gemacht, und das natürlich immer mit einem wichtigen Grund, und der größte Segen Gottes wird verpasst. Bei Gott gibt es kein Wenn und Aber – sondern nur ein „Ja" oder „Nein"! Wir wollten neues Land einnehmen und wir hatten etwas Wichtiges gelernt. Wenn Gott uns etwas anvertraut, das wir vielleicht nicht so gerne mögen, müssen wir bereit sein, diesen Glaubenstest zu bestehen. Wenn wir einmal die Entscheidung getroffen haben, in völliger und bedingungsloser Abhängigkeit von Gott zu leben, ist das die Quelle einer neuen Autorität. Möchten Sie diese Autorität des Glaubens haben? Gott kann nicht anders – er wird seine Hand auf Sie legen und Sie in seiner Armee willkommen heißen. Es ist ein Stoßtrupp des Glaubens, eine radikale Armee des Lichts. Sie ist nicht aggressiv – aber sie liebt bis zuletzt. Sie trägt keine Waffen – aber sie kennt die Autorität des Gebets! Sie hasst die Sünde – aber sie liebt Jesus mit jeder Faser ihres Herzens. Es ist ein Stoßtrupp des Glaubens mit einer radikalen Salbung, denn sie lebt nicht mehr sich selbst, sondern sie lebt für ihren Herrn Jesus Christus. Es ist eine Armee der Gnade, die ihre Identität beim himmlischen Vater gefunden hat. Und sie bleibt nicht mehr auf halbem Weg stehen, denn sie hat eine gigantische Vision – eine gerettete und wiederhergestellte Nation, die zur Ehre Gottes lebt und zu einem Segen für andere Nationen wird.

Ich möchte Sie am Ende dieses Kapitels bitten, noch einmal einige Schritte zu gehen. Sie werden Ihnen auf den Weg in den kindlichen Gehorsam helfen.

- Schreiben Sie einmal alles auf, von dem Sie wissen, dass der Herr Sie darum gebeten hat – aber Sie haben es bis heute hinausgeschoben und nicht getan. Fangen Sie mit Ihrem persönlichen, engsten Bereich, an. Die folgende sehr unvollständige Liste soll Ihnen lediglich beim Nachdenken eine Hilfestellung bieten: Geliehenes oder Gestohlenes nicht zurückgegeben; häusliche Unordnung, sei es im Garten, Garage oder in der Wohnung; Menschen nicht um Vergebung gebeten; Beziehungen in der Familie nicht geklärt; Arbeitsverhältnisse, Verträge, Beziehungen in der Gemeinde, Untreue mit meinem Geld gegenüber Gott usw.
- Nehmen Sie sich Zeit mit Gott, in der Sie ihn bitten, Sie durch den Heiligen Geist zu erinnern, wo Sie im persönlichen Bereich, für Ihre Stadt oder auch für Ihre Nation nicht getan haben, worum er Sie gebeten hatte.

Anmerkungen

1) Darauf weist Wolfhard Margies hin in: Glaube, der Wunder wirkt, Berlin,1987, S. 9 ff.
2) Vgl. dazu Neuer sprachlicher Schlüssel zum griechischen Neuen Testament, Bd. 2, Gießen, 1994, S. 14.
3) Ich empfehle den alten Klassiker von Dr. Paul Yonggi Cho: Die vierte Dimension, Karlsruhe, 1979. Cho verbindet sein phänomenales Wachstum mit einem spontanen und direkten Glaubensgehorsam.

Kapitel 6

Wie Sie es vermeiden, auf halbem Weg stehen zu bleiben

... oder das Ziel kindlichen Gehorsams

Wir waren sechs Wochen lang 2000 km zu Fuß nach Moskau unterwegs und wurden von einem Konvoi von 15 Fahrzeugen begleitet. Unser Truck aus England konnte seitlich eine Bühne für die abendlichen Versöhnungsgottesdienste herunterlassen, ein eigener Küchenwagen sorgte für unsere Verpflegung. Gorbatschows Glasnost hatte die Türen in Russland weit geöffnet und wir wollten die Zeit nutzen, hindurchzugehen, um für die Schuld unserer Väter um Vergebung zu bitten. In jeder Stadt in Polen, Weißrussland und Russland führten wir Versöhnungsgottesdienste durch und baten die offiziellen Vertreter der Stadt und die Veteranen des Zweiten Weltkriegs um Vergebung. Ich sehe es noch vor mir, wie sie mit Tränen in den Augen zu uns nach vorne kamen, uns umarmten und sagten: „Natürlich vergeben wir euch, ihr seid eine neue Generation!" Anschließend verkündigten wir das Evangelium und Tausende wurden gerettet.

Charlotte und ich sind aufgrund unseres Gideon-Laufes durch Deutschland gefragt worden, ob wir die Leitung dieser Versöhnungswanderung übernehmen würden, und wir stimmten zu. Eine weitere Ebene des kindlichen Gehorsams wartete auf uns. Wir waren auf der nationalen Ebene treu gewesen, und Gott konnte uns mehr anvertrauen. Uns blieben noch etwa sechs Monate, um die Gebetsexpedition von Berlin nach Moskau vorzubereiten. Wir hatten in Moskau und in etwa vierzig weiteren Orten die Genehmigungen für die zum größten Teil als Open-Air stattfindenden Veranstaltungen einzuholen und es mussten für 45 Nächte Quartiere für die Teilnehmer gesucht werden. Wir hatten keine Ahnung, wie wir in dieser kurzen Zeit die Vorbereitung in Ländern schaffen sollten, die uns bis dahin noch fremd waren. Aber es gab ein Geheimnis: im kindlichen Gehorsam den Spuren Gottes Schritt für Schritt zu folgen.

Wir hatten in der letzten weißrussischen Stadt kurz vor der russischen Grenze Quartier genommen. Das Gebiet östlich von Minsk wurde von einer sehr aktiven Mafia beansprucht. Ein wachsendes Polizeiaufgebot, das uns eskortierten und rund um die Uhr bewachten, schien dieser Tatsache Rechnung zu tragen. Wir kamen in Städte, in denen noch nie evangelisiert worden war. Eine davon war Krupki, in der von der Polizei auf Anordnung der Behörden die Technik eines weißrussischen Evangelisationsteams zerschlagen worden war. Auch für unsere Veranstaltung war bisher keine Genehmigung erteilt worden. Ein Gespräch mit der Bürgermeisterin mit anschließendem Gebet sowie das spontane Abladen von Hilfsgütern wirkten wahre Wunder. Die Stadt öffnet sich zum ersten Mal für Evangelisation und für die Gründung einer Gemeinde. Wir waren voller Spannung auf die Abschlussveranstaltung in Moskau, hatten wir doch erstmals in der Geschichte Russlands die Genehmigung für Versammlungen auf dem Roten Platz und im Kreml. Doch es kam anders. Die politische Lage in Moskau verschärfte sich stündlich. Es wurde geputscht. Wir hatten Revolution in Moskau! Ein Fax von der russischen Regierung erklärte die russischen Visa und Genehmigungen aufgrund der politischen Situation für ungültig. Jetzt saßen wir in unserem Quartier. Die Fahrzeuge waren in bewährter Wagenburg-Anordnung im Hinterhof und wurden von zwei Teilnehmern rund um die Uhr bewacht. Was sollten wir tun? Sollten wir auf halbem Weg ungefähr 400 km vor Moskau umkehren? Ein späterer Bericht fängt die Situation am besten ein[1]: „Sonntag, 3.10.1993 – internes Meeting in der dritten Etage unseres Hotels. Die Lage in Moskau eskaliert weiter, es soll Tote geben, bereits seit Donnerstag herrscht Ausnahmezustand in Moskau. Der weitere Fortgang der Gebetsexpedition erscheint völlig ungewiss. Zu diesem Zeitpunkt sind uns alle menschlichen Sicherheiten aus der Hand genommen. Aber dies ist Gottes Chance. Jobst Bittner fordert an diesem Abend auf, sich vor Gott zu prüfen und alle eigene Kraft niederzulegen und allein auf Gottes Möglichkeiten zu vertrauen. Gleichzeitig stellt er es denjenigen, denen das Risiko zu hoch erscheint oder in deren Herzen Furcht ist, frei, umzukehren und mit dem Segen Gottes heimzufahren!"

Wir durften nicht auf halbem Weg umkehren. Gott wollte, dass wir unser Ziel erreichen. Also zogen wir am nächsten Morgen ins Ungewisse, aber sicher in der Hand Gottes, an einer kilometerlangen LKW-Schlange vorbei, und überschrittenen ohne Pass- und Visakontrolle um 15 Uhr die russische Grenze. Es war der 4. Oktober 1993. Niemand war da, um uns zu kontrollieren. Hunderte Beter aus Deutschland und England hatten ihren Fokus auf die Gebetsexpedition und auf den Putsch in Moskau gerichtet. Am gleichen Tag, als wir die Entscheidung trafen, nicht umzukehren, und über die Grenze gingen, hörten wir während unserer Gebetszeit um 17.30 Uhr die beste aller Nachrichten: Die Putschisten hatten kapituliert! Der Teufel hat bei allem, was wir tun, immer ein Ziel – er will, dass wir auf halber Strecke stehen bleiben. Gehen wir im kindlichen Gehorsam weiter, öffnen wir in unserem Leben den Himmel für die Wunder Gottes und für sein übernatürliches Eingreifen. Am 15. Oktober 1993 erreichte die Gebetsexpedition das lang ersehnte Ziel Moskau. Die Genehmigungen für den Roten Platz und den Kreml waren endgültig für ungültig erklärt worden. Wie später bekannt wurde, hätte die Polizei die Gebetswanderer bereits an der Stadtgrenze abfangen und den Marsch beenden sollen. Da wir jedoch die Stelle früher als geplant erreichten, kam die Polizei zu spät. Niemand hinderte uns daran, die Stadtgrenze Moskaus zu überschreiten – wir hatten das Ziel endgültig erreicht! Das Kennzeichen dieser Armee des Lichts war der kindliche Gehorsam. Sie zog eine Schneise der Liebe und Versöhnung durch Polen, Weißrussland und Russland. Tausende bekehrten sich und sechs Gemeinden wurden von den mit uns zusammenarbeitenden Gemeinden anschließend gegründet.

Warum stehen wir in der Gefahr, auf halbem Weg stehen zu bleiben? Paulus spricht in 1. Korinther 9,24 von einem Wettlauf, bei dem es gilt, das Ziel und den Siegeskranz zu erringen. Und er fügt folgenden Rat an die Korinther an: „Lauft in einer Weise, dass ihr es auch schafft!“ Die Art und Weise unseres Laufes entscheidet, ob wir den Sieg erringen. Als wir nach sechs Wochen müde und zerschlagen von unserer Gebetsexpedition nach Hause kamen, sprach der Herr in unserem ersten Gottesdienst zu uns in einer Weise, die ich nicht vergessen werde. Wir waren voller Zweifel, ob wir alles richtig gemacht hätten. Während der Anbetungszeit begann der Sänger prophetisch zu singen, und es war, als ob es Worte direkt aus dem Himmel waren: *Well done, my children, well done!* – „Das habt ihr gut gemacht, meine Kinder, ihr habt es gut gemacht!“ Mir liefen die Tränen über die Wangen – das Ziel war erreicht. Unser Ziel ist es, Gott treu zu sein, worum er auch immer uns bittet. Wir sollen zu den Knechten gehören, die ihre Pfunde nicht vergraben, weil sie das Bild eines harten und gesetzlichen Gottes haben. Er vertraut Ihnen und mir unendlich viel an und beschenkt uns mit Reichtümern seiner Gnade und Liebe. Wie können wir da irgendetwas nur für uns selbst zurückbehalten und aus Angst vergraben? Unsere Erfolgsmeldungen sind für Gott nicht wichtig. Entscheidend ist für ihn nur, dass wir ihm treu gewesen sind. Sieht er das, haben wir unser Ziel erreicht[2] und er wird zu uns sagen: „Recht so, du treuer Knecht, du bist über wenigem treu gewesen, ich will dich über viel setzen; geh hinein zu deines Herrn Freude!“ (Matthäus 25,21)

Wenn wir uns die Männer und Frauen des Glaubens in der Bibel anschauen, ist für Gott das entscheidende Kriterium, dass wir in unserem „Glaubenslauf" auch wirklich ankommen. Viele von ihnen sind ein unrühmliches Beispiel: Lots Frau hing mit ihrem Herzen an der Sünde ihrer Vergangenheit, erstarrte zur Salzsäule und erreichte nicht ihr Ziel (1. Mose 19). Mose führte das Volk Israel aus Ägypten und hätte innerhalb kurzer Zeit das verheißene Land erreichen können. Aber das Volk stand gegen Gott auf, war ihm ungehorsam, und die Tragödie nahm ihren Lauf! Ich bin davon überzeugt, dass das Volk Israel Ägypten vollkommen geheilt und ohne Krankheit verließ (Psalm 105,37). Sie wurden mit den Reichtümern Ägyptens überhäuft und erlebten bei dem Durchzug des Roten Meeres dramatisch das Eingreifen Gottes, ja, sie erlebten, wie die Herrlichkeit Gottes sie auf ihrem Weg begleitete – und doch kamen 5.999.998 Menschen in der Wüste um. Auch sie blieben auf halbem Weg stehen und erreichten nicht ihr Ziel (5. Mose 1). Saul verlor aus Ungehorsam seine Berufung und sein Königreich und erreichte ebenfalls sein von Gott gesetztes Ziel nicht. Man könnte noch viele weitere Beispiele aus dem Alten Testament anhängen, aber wenden wir uns zuletzt den 70 Jüngern Jesu zu. Sie hatten in großer Vollmacht unter mitfolgenden Zeichen das Evangelium des Reiches Gottes verkündigt. Aber jetzt war ihnen Jesus zu radikal und ärgerlich, und sie verließen ihn einer nach dem anderen. Als Jesus die zurückbleibenden Jünger fragte, ob sie auch gehen wollen, gibt Petrus eine einzigartige Antwort:

„Herr, wohin sollen wir gehen? Du hast Worte ewigen Lebens; und wir haben geglaubt und erkannt: Du bist der Heilige Gottes" (Johannes 6, 68-69)

Die zwölf, außer Judas, hatten ihre eigenen Ziele endgültig gegen die Pläne Gottes eingetauscht. Sie hörten die Worte

Jesu, empfingen sie in ihrem Herzen, glaubten ihnen und hatten nur noch einen Wunsch – Jesus zu folgen und ihrem Auftrag, Menschen zu fischen, gehorsam zu sein. Und – sie erreichten ihr Ziel!

Natürlich schießt der Teufel aus allen Rohren und versucht mit allen Mitteln, dass Menschen ihr Ziel nicht erreichen. Wir haben ja an den wenigen biblischen Beispielen schon gesehen, wie Unglaube, Ärger, Murren, Ungehorsam und Liebäugeln mit der Sünde der Vergangenheit zu Fallstricken der Sünde werden. Der Teufel hasst Menschen, die sich nicht davon ablenken lassen, ihre Augen auf Jesus zu richten, und weiß oft viel besser als wir selbst, wie groß unsere Berufung und Vollmacht ist. Er kennt die unendlichen Quellen des Glaubens und weiß genau, dass Sie und ich dazu berufen sind, das Evangelium in Vollmacht weiterzusagen und millionenfach Frucht zu bringen. Satan hat nur sehr wenig Zeit. Deswegen möchte er nur eines – so viele Menschen wie möglich zu Fall bringen. Einmal sagte ein ehemaliges Mitglied eines Satanistenkreises: „Wir haben allen Respekt vor Christen verloren. Diese lauwarmen Christen sind nicht gefährlich und nur Luftblasen, die in ihren abgeschlossenen Gemeinden schlafen!" Aber diese Zeit ist endgültig vorbei! Das Volk Gottes steht in Vollmacht auf und ergreift seine Autorität. Sie haben eine Bestimmung und ein Ziel, das Ihnen niemand nehmen kann!

Als ich meine ersten Schritte mit Jesus ging, hatte ich die tiefe Sehnsucht, alle Verheißungen Gottes wirklich zu erleben. Ich konnte mir nicht vorstellen, einfach nur brav in einem Gottesdienst zu sitzen, um meine sonntägliche Predigt anzuhören, denn ich wusste, dass Gott einen Plan für mein Leben hatte. Und den wollte ich unbedingt herausfinden. Ich wollte nicht irgendwann feststellen müssen, dass Gott eigentlich etwas viel Besseres mit mir vorgehabt hätte, nein, ich wollte „Wasserbäche auf den Höhen" (Jesaja 41,18)!

„Die Elenden und Armen suchen Wasser, und es ist nichts da, ihre Zunge verdorrt vor Durst. Aber ich, der Herr, will sie erhören; ich, der Gott Israels, will sie nicht verlassen. Ich will Wasserbäche auf den Höhen öffnen und Quellen mitten auf den Feldern und will die Wüste zu Wasserstellen machen und das dürre Land zu Wasserstellen!" (Jesaja 41,17-18)

Ich möchte erklären, was ich mit diesen „Wasserbächen auf den Höhen" eigentlich meine. Irgendwann lenkte der Heilige Geist beim Bibelstudium meinen Blick auf dieses Wort und es hallte in mir immer wieder nach. Für mich wurde das Wort über die „Wasserbäche auf den Höhen" zu einer Lehre, wie man es vermeidet, auf halbem Weg stehen zu bleiben.

Ganz zuerst gilt diese wunderbare Verheißung natürlich dem Volk Israel. Gefangen nach Babel geführt, hofften sie in ihren armseligen Verhältnissen auf ihre Befreiung und das Eingreifen Gottes. Sie brauchten ein Wunder, wie es zur Zeit Moses geschah, als das Volk durch die Wüste Sinai geführt und dort mit allem wunderbar versorgt wurde. Sie sehnten sich nach frischem Wasser in der Wüste und hofften, selbst noch auf den kahlen Höhen ihrer Berge offene Wasserstellen zu finden.

Wer schon einmal die Wüste Sinai kennen gelernt hat, weiß, dass dort Ebenen und Berge sich abwechseln. Gott sagt in diesem Wort der Verheißung zu seinem Volk: „Kommt, macht euch auf zu den kahlen Höhen in der Wüste – und ihr werdet Wasserquellen finden, mit denen ihr den Armen, Elenden und Verlorenen zu trinken geben könnt!" Die Verheißungen für Gottes Volk sind immer auch eine prophetische Vorschattung für Worte, die für uns in gleicher Weise gelten. Wir finden hier die Worte Jesu wieder:

„Wer an mich glaubt, wie die Schrift es sagt, von dessen Leib werden Ströme lebendigen Wassers fließen!" (Johannes 7,38)

Berge sind für mich keine kahlen Höhen, sondern sie sehen in meiner Vorstellung anders aus. Mein Vater nahm meine Geschwister und mich immer wieder zum Bergsteigen in die Alpen mit. So kraxelten wir dann auf kleinere und größere Berge, und ich musste feststellen, dass Bergsteigen nicht einfach nur Freude ist, sondern zuweilen auch sehr anstrengend sein kann. Da kann man schon mal Blasen an den Füßen bekommen, oder man verträgt einfach die Höhenunterschiede nicht. Wenn es zu schwierig wurde, kämpfte ich manchmal mit dem Gedanken, einfach stehen zu bleiben und umzukehren. Es wurde für mich zu einem Bild, wie leicht man auf halbem Weg stehen bleiben kann und sein Ziel nicht erreicht.

Wenn wir ganz ehrlich sind, müssen wir zugeben, dass es niemanden gibt, der seine Hand für sich ins Feuer legen könnte. Jeder kann irgendwann stolpern und ist in der Gefahr, zu fallen. Etwas anderes zu sagen, wäre einfach überheblich und falsch. Paulus sagt zu den Korinthern: „Wer meint, er stehe, mag zusehen, dass er nicht falle" (1. Korinther 10,12)! Jemand, der stehen bleibt, merkt zuerst gar nicht, was mit ihm passiert. Da ist Langeweile und der graue Alltag in das Glaubensleben eingekehrt. Alte Sünden, von denen er dachte, sie längst unter seinen Füßen zu haben, klopfen wieder an. Wenn zu diesem Zeitpunkt Gott zu ihm spricht und ihn um etwas bittet, ist es für ihn meistens eine „Last" und keine Freude. Sehr wahrscheinlich hat er zu diesem Zeitpunkt schon längst aufgehört, aus der Liebesbeziehung zu Jesus zu leben. Andere ärgern sich über einen Menschen, der ihnen nahe steht und verschließen verletzt ihr Herz. Haben Sie schon einmal erlebt, wie die Gegenwart Gottes Sie dann langsam verlässt und Ihr Frieden schwindet? Vorsicht! Halten Sie jetzt an Ihrer Bitterkeit fest, verschließen Sie sich für die Gnade Jesu und bleiben, ohne es zu wollen, auf Ihrem Weg stehen. Es gibt so viele Gründe, Ihren Weg nicht weiterzugehen. Ich möchte Sie ermutigen, kurz innezuhalten und einen kleinen Test zu machen. Niemand weiß davon – es ist nur ein Test zwischen

Ihnen und Gott. Denken Sie kurz nach und überlegen Sie, wo und wie Sie in den letzten Monaten geistlich gewachsen sind und sich verändert haben. Können Sie das nirgendwo festmachen, sind Sie sehr wahrscheinlich auf Ihrem Weg mit Jesus stehen geblieben!

„Wasserbäche auf den Höhen" sind mehr als einfach nur die Segnungen Gottes für unser Leben. Gott möchte, dass durch unser Leben Elende, Arme und Verlorene gerettet und wiederhergestellt werden. Wo immer sie auch sind, leben sie wie die Gefangenen Babels im Elend ihrer Verlorenheit, und ihre Zunge ist vor Durst verdorrt. Sie haben einen leeren Blick, aber eigentlich schreien sie in ihrem Hunger nach Gott! Nach außen lächeln sie, aber innerlich sind sie von der Eiseskälte ihrer Sünde erstarrt. Bitte bleiben Sie nicht auf halbem Weg stehen – Gott ruft Sie in seine Gegenwart, hinauf zu den „Wasserbächen auf den Höhen" damit aus Ihrem Leben Segensströme in das Leben anderer Menschen hineinfließen können. Die folgende Aufzählung, warum man auf seinem Weg stehen bleiben kann, ist sicher nicht vollständig. Ich glaube aber, sie wird Ihnen dienen.

1. Verpassen Sie nicht den ersten Schritt.

Ich weiß noch, wie ich früh morgens mit meinem Vater vor der „Großen Zinne", einem recht hohen Berg in den Dolomiten, stand. 500 Meter Bergwand ragten vor mir auf. Sie sah glatt und gefährlich aus – wie um alles in der Welt sollte ich das schaffen? Viele Menschen sagen: „Was ich nicht schaffe, fange ich erst gar nicht an." Und so stehen sie vor ihrem persönlichen Glaubensberg und malen sich in ihren kühnsten Vorstellungen und Gedanken aus, was sie alles falsch machen könnten – und verpassen dann den ersten Schritt! Gott bittet uns um etwas, aber wir lehnen es oft als zu schwierig ab. Er bittet Sie vielleicht nach Ihrer Bekehrung um einen nächsten Glaubenschritt, aber Sie fangen gar nicht erst an. Vielleicht ermahnte er Sie, Gestohlenes wieder zurückzugeben oder konkrete Schritte der Wiedergutmachung und Wiederherstellung zu gehen. Vielleicht verpassen Sie es, in Ihrer Familie oder am Arbeitsplatz „Farbe zu bekennen". Was es auch immer ist – wer laufen will, muss den ersten Schritt tun. Das ist wie ein Naturgesetz, das Gott in uns hineingelegt hat. Glaube ist, mit kindlichem Gehorsam den ersten Schritt zu tun. Als ich dieser bedrohlichen Bergwand immer näher kam, sah ich auf einmal, wieviel Ecken und Kanten so ein Berg hat. Überall konnte man sich festhalten und Schritt für Schritt weitergehen. Halten wir also fest: Auf dem Weg zu den „Wasserbächen auf den Höhen" ist der erste Schritt entscheidend!

2. Sie brauchen die richtige Kleidung.

Für einen Bergsteiger ist die richtige Ausrüstung natürlich von größter Wichtigkeit! Irgendwie meinte mein Vater, er müsste mich wie einen richtigen Bergsteiger ausrüsten. So bekam ich also eine Kniebundhose mit Hosenträgern, rote Kniestrümpfe, ein blau kariertes Hemd, dazu natürlich den passenden Rucksack, der die notwendigen Utensilien und warme Pullover für unseren Bergausflug enthielt. Ich fühlte mich schrecklich und versuchte immer so zu tun, als ob es mich gar nicht gab. Was ich nicht verstand, war, dass ich in einer anderen Umgebung mit einem anderen Ziel auch mein Äußeres den Zielen anpassen musste. Wer sich zu den „Wasserbächen auf den Höhen" aufmacht, wird bereit sein müssen, seinen Lebensstil total zu ändern! Jeder wird es an Ihnen erkennen und Sie werden es nicht verbergen können! Vielleicht ist es Ihre Kleidung, Ihr Aussehen, Ihr Charakter, Ihr Blick, Ihre Art mit Menschen umzugehen – eben jeder Bereich Ihres Lebens ist durch Jesus neu geworden. Paulus sagt, dass wir ein „Brief Christi" sind, der durch den Geist des lebendigen Gottes in unser Herz geschrieben wurde (2. Korinther 3,3). Der Teufel möchte den Menschen einreden, dass sie so bleiben können, wie sie sind. Aber das stimmt nicht! Wenn Jesus unsere Herzen verändert, wird das immer auch auf meinen äußeren Lebensstil Einfluss haben. Es ist falsch zu denken, dass es nur „auf unser Herz" ankommt – aber an meinem sichtbaren Leben ist die Veränderung nicht ablesbar. Sich vom Heiligen Geist heiligen und verändern zu lassen ist zuweilen anstrengend, fordert Demut und Korrekturbereitschaft. Bleibe ich hier stehen, verpasse ich sicher das Ziel, denn „ohne Heiligung kann niemand den Herrn sehen"!

Wir sollten uns noch die Schuhe ansehen. Sie sind für unsern Weg entscheidend. Es gibt in den Bergen Turnschuh-Touristen, die irgendwo herumklettern, schließlich ausrutschen und dann abstürzen. Sie brauchen, um einen Berg besteigen zu können, besondere Schuhe, die halbhoch sind, mit dicken Sohlen, fest geschnürt, eben Bergschuhe. Mein Vater liebte es, uns feste Bergschuhe zu kaufen – aber diese Schuhe hatten ein Problem. Sie waren so hart, dass sie anfangs nicht eingelaufen waren und unangenehm an den Füßen drückten. Man bekam dann Blasen, rieb seine Füße mit „Gehwohl" ein und musste dicke Socken anziehen. Jeden Schritt, den man tat, konnte man spüren, und man wünschte sich dringend, andere Schuhe an den Füßen zu haben. Aber wer die falschen Schuhe anhat, ist nicht richtig ausgerüstet und bleibt auf halbem Weg stehen. Alleine mit den richtigen Schuhen werden wir die „Wasserbäche auf den Höhen" erreichen. Es sind die Schuhe der Bereitwilligkeit, das Evangelium zu verkündigen. Gott hat keine Experten für Evangelisation, es ist sein Auftrag für jeden Menschen. Wenn sich jemand in unserer Gemeinde bekehrt, lehren wir ihn so schnell wie möglich, selbst diese Schuhe anzuziehen und Frucht zu bringen. Die Statistik zeigt, dass jeder neugeborene Christ, der in den ersten Monaten einen anderen Menschen zu Jesus führt, in seinem Leben als Christ sehr schnell stabil wird.[3] Vielleicht drücken die „Schuhe der Bereitschaft, das Evangelium zu verkündigen" zuerst ein wenig und Sie bekommen Blasen, aber je länger Sie darin gehen, desto „trittsicherer" werden Sie und werden auch bei Schwierigkeiten nicht ausgleiten.

3. Sie brauchen Anleitung.

Als ich zum ersten Mal mit meinem Vater auf einen Berg stieg und er mir sehr langsam, mit kleinen Schritten voranging, dachte ich: „Der ist aber ganz schön alt geworden, ich komme diesen Berg aber viel schneller hinauf!" Ich lief mit meinem Rucksack mit großen Schritten voraus, aber je höher ich kam, desto mehr verflüchtigte sich mein Enthusiasmus. Die Schweißströme liefen, meine Waden schmerzten und ich keuchte wie eine rostige Eisenbahn. Der schöne Ausblick war mir schon lange egal und innerlich hatte ich Visionen von Coca-Cola und Eis und wünschte mir, in einem Freibad irgendwo in der Sonne liegen zu können. Eigentlich hätte ich nur meinen Vater beobachten oder einfach zu fragen brauchen, wie man ohne große Anstrengung einen Berg besteigen kann. Er überholte mich mit seinen langsamen, gleichmäßigen Schritten lächelnd, während ich noch keuchend am Wegesrand saß. Ich finde, das ist ein schönes Bild für unseren Weg mit Gott. Ich kenne viele Menschen, die schnell zu den „Wasserbächen auf den Höhen" hinauflaufen wollten, und dann ging ihnen geistlich die Luft aus. Sie laufen mit großen Schritten voran, aber irgendwann stolpern sie und sitzen nach Luft ringend am Wegesrand. Es sind Menschen, die nicht gelernt haben, sich an die Hand nehmen zu lassen. Sie antworten auf Anleitung und Korrektur meistens mit den Worten: „Das muss Gott mir selbst zeigen!" Andere Christen, denen sehr schnell die Luft ausgehen kann, vertreten eine „Ich bin gut drauf"-Theologie. Oft verbergen sie, wie verletzt und einsam sie sind, und stürmen mit großen Schritten an anderen vorbei. So oft kamen Menschen zu mir, die dann irgendwann richtig auspackten und erzählten, wie es ihnen wirklich geht. Menschen, die Probleme haben, sich an die Hand nehmen zu lassen, können es nur schwer ertragen, wenn andere die Probleme und Schwierigkeiten in ihrem Leben erkennen. Sie versuchen meistens, etwas anderes darzustellen, als sie eigentlich sind, und verbergen lieber, was unter ihrer Fassade an Not verborgen ist. Authentisch zu leben heißt zuzugeben, dass wir die Hilfe und Erfahrung geistlicher Väter dringend benötigen. Wenn wir zurückschauen, können wir sehen, wie uns von Anfang unseres Dienstes an geistliche Väter und Mütter gedient und in unser Leben hineingesprochen haben. Wir sind ihnen dafür zutiefst dankbar. Ich bin davon überzeugt, dass das Gebot, Väter und Mütter zu ehren, auch auf sie zutrifft.

Wenn Sie auf einen Berg steigen wollen und selbst unerfahren sind, benötigen Sie einen Bergführer. Er geht Ihnen voraus und weiß ganz genau, wie man den Gipfel erreicht ohne abzustürzen. Also standen wir vor der Bergwand der „Großen Zinne" in den Dolomiten und fragten uns, wie wir da hinaufklettern sollten. Eigentlich hatte diese Tour einen einfacheren Schwierigkeitsgrad, dennoch sah der Aufstieg sehr kompliziert und schwierig aus. Aber der Bergführer konnte die Wand lesen wie ein Buch: Mehrere Mal war er schon oben gewesen und das Hinaufklettern war für ihn kinderleicht! Er zeigte mit seinem großen Finger nach oben und erklärte uns die Marschroute. Zuerst links, dann durch einen Kamin, später über einen Vorsprung steil bergan, und so zeigte er uns den Weg. Stellen Sie sich vor, wir hätten ihm die Hand geschüttelt, uns bedankt und wären alleine losgezogen – wir wären nie oben angekommen! Nein, er seilte uns an, ging uns voraus und führte uns über die schwierigen Stellen! Wir waren angebunden, und das gab uns die Sicherheit, auch wirklich oben anzukommen. Als wir gemeinsam einen Kamin hochkletterten, glitt ich aus, aber er hielt mich sicher an seinem Seil. Auch das ist für mich ein wichtiges Bild für unseren Weg mit Gott. Stellen Sie sich vor, jemand sagt zu dem Bergführer auf halbem Weg: „Vielen Dank, Herr Bergführer, aber ich versuche es nicht hier, sondern auf einem anderen Weg!" Der Bergführer würde antworten: „Ich warne Sie, Sie werden sich versteigen und den Weg nicht mehr finden!" Die Folgen wären katastrophal! Auf Ihrem Weg zu den

„Wasserbächen auf den Höhen" gibt es Menschen, die Ihnen schon vorausgegangen sind. Es ist unsere Entscheidung, uns anbinden und sichern zu lassen, aber es ist auch unsere einzige Möglichkeit, das Ziel sicher zu erreichen. Charlotte und ich haben in unserem Leben oft geistliche Bergführer gehabt. Sie sagten uns Dinge, die uns nicht gefielen – aber wir wussten, dass Gott uns durch sie herausfordert und korrigiert. Sie lehrten uns zu dienen und andere Menschen an die Hand zu nehmen. Wir sahen ihnen zu, wie sie den „Weg zu den Wasserbächen auf den Höhen gingen" und uns zum Vorbild wurden, weil sie nicht stehen blieben, sondern ihr Ziel erreichten!

4. Je höher Sie kommen, desto dünner wird die Luft!

Wenn man einen Berg besteigt und langsam Schritt für Schritt höher kommt, merkt man mit der Zeit, dass die Luft immer dünner wird. Als Folge des Sauerstoffmangels kann man sich nicht mehr schnell bewegen, die Atempausen werden öfter und man kommt wesentlich langsamer voran. Viele hingegebene Christen sind daran gescheitert, dass sie sich selbst überschätzten. Je länger sie dem Herrn folgen und ihm dienen, desto abhängiger werden sie von Gott. Wollen sie aber mit ihrer eigenen Kraft etwas durchbringen, mag das eine Zeitlang gehen, aber schließlich wird die Luft zu dünn, und sie kippen aufgrund ihres geistlichen Sauerstoffmangels um. Nur wer sich von Gott völlig abhängig macht, wird die „Wasserbäche auf den Höhen" erreichen, denn hier gilt ein geistliches Gesetz:

„Nicht durch Heer, nicht durch Kraft, sondern durch meinen Geist, spricht der Herr." (Sacharja 4,6)

5. Zum Ziel kommt nur, wer bereit ist, zum richtigen Zeitpunkt umzukehren.

Das wichtigste Kennzeichen eines guten Bergsteigers ist das Gespür, wenn das Wetter umschlägt, zur richtigen Zeit umzukehren. Ehrgeiz war schon der Tod vieler Menschen, die ihren Berggipfel vor Augen hatten und, anstatt zurückzukehren, irgendwo im Berg jämmerlich erfroren sind. Ganz gleich, wie weit wir schon mit unserem Herrn gegangen sind und wie hoch wir zu den „Wasserbächen auf den kahlen Höhen“ gestiegen sind – wir sollen Menschen sein, die bereit sind, jederzeit umzukehren und über ihre Schuld Buße zu tun. Ganz gleich, welchen Gipfel wir vor unseren Augen haben, vielleicht ist es der Konferenz- oder der Salbungsgipfel, der Dienst- oder der persönliche Erfolgsgipfel – halten wir nicht inne, wenn Gott uns ermahnt und zur Umkehr ruft, werden wir sein Ziel nicht erreichen.

Möchten Sie den Weg zu den „Wasserbächen auf den Höhen“ mitgehen? Es sind nicht die Segensströme für unser persönliches Leben – dafür gibt es überall in der Wüste Wasserstellen (Jesaja 41,18). Sobald Sie Ihr Leben in die Hände Jesu übergeben haben, kann er gar nicht anders, als sie mit himmlischen Segnungen zu überschütten. Aber es gibt eine Berufung, die auf jedem Leben liegt[4]. Wir sind vor Grundlegung der Welt Gottes Volk mit einem klaren Auftrag und Ziel! Der Missionsbefehl Jesu ist heute aktueller denn je: „Darum geht hin und machet zu Jüngern alle Nationen: Taufet sie auf den Namen des Vaters und des Sohnes und des Heiligen Geistes und lehrt sie alles halten, was ich euch befohlen habe!“ (Matthäus 28,19.20) Durch unser Leben sollen andere Menschen gerettet und wiederhergestellt werden! Deutschland und Europa sind überreif für eine neue Ernte. Machen Sie sich mit auf den Weg, um ein Segen für Menschen zu sein, die hungrig und durstig sind nach Gott.

Es ist nicht unser Schicksal, in einem entchristianisierten Kontinent zu leben. Ich bin davon überzeugt, dass Christen, die ihrer Berufung im kindlichen Gehorsam treu sind, unsere Nation mehr verändern können, als es in den 68er Jahren durch die Studenten geschah. Wenn Christen sich aufmachen, gibt es einen neuen „Marsch durch die Institutionen". Politik und Gesellschaft, Kultur und Wirtschaft werden vom Evangelium durchdrungen und sie werden sich erneut an den Maßstäben Gottes orientieren. Hunderttausende Beter haben ihren Fokus auf Europa gerichtet. Gott ruft Sie und mich in eine riesige Ernte. Er sucht nach einer Armee des Lichts, die bereit ist, ihr Land bedingungslos anzunehmen und zu lieben. Dadurch ehren und verherrlichen sie ihren himmlischen Vater. „Darin wird mein Vater verherrlicht", sagt Jesus, „dass ihr viel Frucht bringt und werdet meine Jünger" (Johannes 15,8). Die Armee des Lichts, die im kindlichen Gehorsam zu den „Wasserbächen auf den Höhen" geht und viel Frucht bringt, können nur Jünger Jesu sein. Nur Jünger Jesu können Nationen zu „Jüngern" machen. Wir wollen im nächsten Kapitel die Armee des Lichts kennen lernen.

Sind Sie auf halbem Weg stehen geblieben? Es ist so leicht, wieder aufzustehen, sich wieder neu auf den Weg zu machen. Jesus ist selbst vorausgegangen. Er ist der Urheber des kindlichen Gehorsams und hilft Ihnen, wenn Sie ihn darum bitten, wieder auf. Ich möchte Sie zum Ende dieses Kapitels ermutigen, Ihren Weg mit Gott im Gebet vor ihn zu bringen und jeden Bereich, wo Sie stehen geblieben sind, im Gebet ehrlich auszusprechen. Der himmlische Vater wird Sie neu berühren und an sein Herz ziehen und Ihnen sagen: „So lange habe ich schon auf dich gewartet – komme an meine Hand, von heute an werden wir gemeinsam diesen Weg gehen!"

Anmerkungen

1) Marsch für Jesus, GEX-Report, 1993
2) Wir sollten beachten, dass dieser Text zu den Endzeitreden Jesu gehört und von seiner Wiederkunft handelt.
3) Darauf wies in einem Seminar in Tübingen im August 2002 Bob Weiner/USA hin. Dieses deckt sich auch mit meiner persönlichen Erfahrung.
4) Vgl. Jeremia 1,4

Kapitel 7

Die Armee des Lichts

... oder Jüngerschaft und kindlicher Gehorsam

Zwei Jahre nach der Gebetsexpedition Berlin-Moskau waren wir wieder in Weißrussland unterwegs. 1986 war in der Ukraine direkt an der weißrussischen Grenze der Atomreaktor von Tschernobyl explodiert und hatte große Teile der Ukraine und der anderen angrenzenden Länder radioaktiv verseucht. Am schlimmsten betroffen war der Süden Weißrusslands. Gott hatte uns gefragt, ob wir bereit wären durch dieses Gebiet zu laufen, um in Gottesdiensten die Menschen zu ermutigen und für ihre Heilung zu beten. Daraus entstand eine Gebetswanderung, die 1995 an der Südgrenze des Landes entlang von Brest nach Gomel führte.

In der Vorbereitung dieser Tour fuhren Charlotte und ich mit einem Auto in den Süden, und unser Begleiter erzählte uns von Svetlagorsk, einer Stadt, die abseits unseres Weges lag. Svetlagorsk war eine „verschlossene Stadt", das heißt, selbst für Weißrussen war es nicht gestattet, sie zu betreten. Wir wussten nicht, dass sie die dritthöchste Drogen- und Aidsrate aller GUS-Staaten hatte und auf ihrem Friedhof täglich mehrere Drogentote begraben wurden.

Also fuhren wir dorthin und erreichten auf abenteuerlichen Wegen diese Stadt. Auf dem Marktplatz gab es nur ein Hotel, dessen Restaurant wir betraten. Es schlug uns blauer Zigarettenqualm und laute Musik entgegen und wir setzten uns. Alles war hier ungemütlich und kalt, aber Charlotte und mich störte das nicht, denn wir waren mit etwas ganz anderem beschäftigt. Manchmal denkt man ja, dass Gottes

Reden auf spezielle Orte begrenzt ist, aber das stimmt nicht. Gott war an diesem Ort und wir spürten seine Gegenwart in einer besonderen Weise. Wir wussten, dass wir hierher zurückkommen sollten, und dass eine Generation von Todgeweihten darauf wartete, von den Ketten ihrer Sucht befreit und geheilt zu werden. Ein Jahr später entstand dort das Zentrum für Drogenrehabilitation und Heilung. Es war in Weißrussland die erste Arbeit unter Drogenabhängigen, die erfolgreich arbeitete und die Statistiken wirklich veränderte. Zwei Jahre später wurde sie als interessantestes soziales Projekt in Weißrussland ausgezeichnet. Drogenärzte aus ganz Weißrussland halten in Svetlagorsk Kongresse ab, um den Erfolg des Dienstes kennen zu lernen. Mehrere Hundert Menschen haben sich durch diesen Dienst inzwischen bekehrt. Was ist das Geheimnis des Erfolgs dieser Arbeit? Jüngerschaft und kindlicher Gehorsam, der aus einer Herzensbeziehung zum himmlischen Vater kommt! Es ist der einzig passende Schlüssel für eine Armee des Lichts! Und das sind sie wirklich! Sie sollten einmal die strahlenden Gesichter unserer weißrussischen Freunde sehen, die von ihren Drogen frei wurden, und heute schon selbst Leiter und Mitarbeiter dieses Werkes sind. Sie sind eine neue Generation, die vorher von der Gesellschaft wie Müll weggeworfen wurden und jetzt für ein ganzes Land ein lebendiges Beispiel für die verändernde Kraft Gottes sind.

„Und das ist die Botschaft, die wir von ihm gehört haben und euch verkündigen: Gott ist Licht, und in ihm ist keine Finsternis“ (1. Johannes 1,5).

Ich bin davon überzeugt, dass wir in Deutschland in einer Zeit leben, in der Gott sein Volk beruft, zu einer Armee des Lichts zu werden. Überall, wo ich hinkomme, entdecke ich, dass etwas Neues aufbricht. In Gemeinden und auch auf Konferenzen haben die Teilnehmer einen Hunger nach Gott, wie ich es in den letzten Jahren nicht erlebt habe. Sie haben genug von

Halbheiten und Kompromissen und wollen sich in ihrer Nachfolge nicht mehr einschüchtern lassen. Sie sind bereit, den Preis zu zahlen, und sagen: „Herr, tue, was du willst, ganz gleich, was du möchtest – wir sind dazu bereit!" Gleichzeitig muss sich etwas bei uns selbst verändern. Wir können nicht so bleiben, wie wir sind. Ich bin davon überzeugt, dass wir hier einiges neu zu lernen haben.

Wenn Menschen zu unseren Gottesdiensten, Veranstaltungen oder Konferenzen kommen, hören wir oft bewundernde Bemerkungen wie: „Eure Mitarbeiter möchte ich am liebsten mitnehmen" oder: „Wie kommt ihr nur zu solchen Mitarbeitern und Gemeindegliedern? Das sind so tolle Leute", und sie meinen damit ihre Bereitschaft, sich hinzugeben und als Jünger zu leben. Wenn wir ihnen das dann erklären möchten, hören sie meistens nicht zu. Jünger fallen nicht vom Himmel, sondern sie werden durch einen langen Prozess von Coaching, Betreuung und seelsorgerlicher Begleitung geboren, und das ist harte Arbeit. Mitarbeiter und Jünger sind nicht einfach da, sondern sie werden durch Investition hervorgebracht und als Persönlichkeit freigesetzt. Damit das geschehen kann, müssen wir bereit sein, an uns selbst arbeiten zu lassen.

Als die TOS entstand, waren Charlotte und ich inzwischen überzeugte Gegner von Autorität und Leiterschaft geworden. Ungefähr Mitte der siebziger Jahre wurde durch die „Hirtenbewegung" in den USA ein falsches Autoritäts- und Jüngerschaftsverständnis hervorgebracht, das auch nach Deutschland herüberschwappte[1]. Wir sahen an vielen Orten die Auswirkungen dieser Lehre. Leiter spielten die „Rolle des Heiligen Geistes und verlangten in ihrer Fürsorge von ihren Jüngern eine Loyalität ab, die nur der Herr mit Recht abverlangen kann."[2]

Das wollten wir nicht. Und so schufen wir bei der Gründung der TOS ein neues Modell und dachten, eine Art Basisdemokratie wäre die bessere Alternative. Wir wollten nur entscheiden, wenn wir eine Einheit hätten. Das klappte auch in der ersten Zeit ganz gut, aber je schneller wir wuchsen, desto größere Schwierigkeiten bekamen wir. Irgendetwas lief schief, irgendwo hatten wir einen Fehler gemacht. Wir suchten Hilfe und Begleitung und fanden sie in einem Seelsorgezentrum im Schwarzwald. Als wir mit Christoph und Utta Häselbarth zusammensaßen, stellten sie uns die Frage, wer der Visionär und Leiter unseres Dienstes sei. Eine Frage, die uns echte Probleme bereitete. Wir merkten, dass wir nicht biblisch, sondern falsch gelebt hatten. Bei mir brach eine Vorstellung zusammen, die auf meine negativen Erfahrungen, aber nicht auf dem Wort Gottes gegründet waren. Eigentlich hatten wir unsere eigene Leiterschaft nicht angenommen und einfach nicht verstanden, was das biblische Bild von Autorität war. Wir mussten umkehren und von Herzen Buße tun, denn wir hatten unsere negativen Erfahrungen auf andere Pastoren und Leiter übertragen und uns letztendlich über sie erhoben. Und so setzten wir uns ins Auto und besuchten einige Pastoren und Leiter in Deutschland und baten sie um Vergebung. Es war der Start eines neuen Weges, den wir dann gemeinsam gegangen sind. Wir hatten einen Fehlstart und Gott korrigierte uns. Erst dadurch konnten wir wachsen und an Stabilität gewinnen. Der Herr hatte bei uns die Grundlage für eine Armee des Lichts gelegt!

Drei Missverständnisse

Bevor ich weitergehe, möchte ich versuchen, einige Missverständnisse, die mir immer wieder begegnen, auszuräumen. Missverständnis Nr. 1 ist unser Denken in Deutschland, in unseren Gemeinden ohne Autorität auskommen zu können. Ich schreibe das mit einem flauen Gefühl im Bauch, denn wir mögen dieses Wort nicht und bei dem Wort „Gehorsam" reagieren wir sehr empfindlich. Wir haben als Nation eine Geschichte des Missbrauchs, in der mit dem Wort „Gehorsam" Millionen Menschen in den Tod getrieben wurden. „Gehorsam" waren ebenso alle, die schweigend ihre „Pflicht erfüllten" und doch genauso zu Tätern wurden wie ihre braunen Führer. Ebenso haben wir auch erlebt, wie in Kirchen und Gemeinden aller Denominationen mit falsch verstandener Autorität Menschen missbraucht, verletzt oder oft unwissentlich entmündigt wurden.[3] Dazu haben wir uns zu stellen und da gibt es nichts zu beschönigen. Wir müssen aber wissen, dass eine verletzte Reaktion zwar verständlich sein kann, aber dennoch nicht richtig sein muss. Die ganze Bibel ist ein Zeugnis von einem Leben unter Autorität in gläubigem Gehorsam.[4] Wir sind als Nachfolger Jesu zu Gehorsam berufen. Es gibt, so David Watson, „keinen wahren Glauben ohne Gehorsam, und auch keine Jüngerschaft!"[5] Ich glaube, wir haben neu zu lernen, was Autorität im biblischen Sinn eigentlich heißt, und wie verantwortlich mit ihr umgegangen werden kann.

Missverständnis Nr. 2 ist die Überzeugung, dass jeder Christ automatisch ein Jünger sei. Nicht jedes Auto, das in der Garage steht, kommt ans Ziel. Nicht jeder, der sich Christ nennt, ist ein Jünger! Jünger sind Nachfolger Jesu. Viele gebrauchen in der heutigen Zeit beide Begriffe, als ob sie einander entsprechen würden, und relativieren, was Jüngerschaft im eigentlichen Sinn bedeutet. Lassen Sie uns anfangen, das Wort „Jünger" so zu nehmen, wie Jesus es in seinem kulturellen Kontext gemeint hat. Der Begriff Jüngerschaft war zur Zeit Jesu weithin akzeptiert und geläufig. Wir identifizieren ihn heute mit der Vorstellung, die wir mit einem Schüler oder Studenten verbinden, und das ist falsch. Ein Jünger ist ein „lernender Schüler", der sich im Gegensatz zu unserer heutigen Vorstellung nicht einfach um Wissenserwerb bemühte. Der Student hat es mit einem Ort zu tun, wo er sich um die Kenntnisse in seinem Fach bemüht – der Jünger öffnete sich den Einwirkungen einer Person. Der Student hat das Gelernte kritisch zu hinterfragen – dem Jünger ist sein Lehrer nicht nur ein Lehrmeister, sondern auch Erzieher.

Der Student hat außer in seinem Studium mit seinem Lehrer nur gelegentliche Berührungspunkte – der Jünger lebt in einer unzertrennlichen Schicksalsgemeinschaft mit seinem Meister. Der Student lebt von Wissen, das er sich aneignen kann – der Jünger lebt aus den Erfahrungen und Gesprächen, die er gemeinsam mit seinem Lehrmeister hat. Der Student lernt die Theorie und setzt sie später in die Praxis um – der Jünger steht mitten in der Praxis und lernt daraus die Theorie.[6] David Watson beschreibt Jüngerschaft folgendermaßen: „Ein Jünger ist ein Nachfolger Jesu. Er hat sich Christus hingegeben, den Weg Christi zu gehen, das Leben Christi zu teilen und die Liebe und Wahrheit Christi anderen mitzuteilen. Das Verb ‚zu einem Jünger machen' beschreibt den Vorgang, durch den wir andere Personen dazu auffordern, ein solcher Nachfolger Jesu zu werden; es beinhaltet die Methoden, die wir anwenden, um dieser Person dabei zu helfen, zu einem reifen Christen zu werden, damit er oder sie jemand anders zu einem Jünger machen kann."[7]

Eine der wichtigsten Aufgaben der Gemeinde ist es, Jünger auszubilden. In der Gemeinde von Antiochia beobachten wir, wie die Gemeinde ein Jahr lang von Barnabas und Paulus gelehrt wurde. Nach der einjährigen jüngerschaftlichen Unterweisung lesen wir, dass die Jünger zum ersten Mal Christen genannt werden (Apostelgeschichte 11,26). Als Christ zu leben hat einen hohen Anspruch an unser Leben. Christen haben sich für einen neuen Lebensstil entschieden, der sie ganz von der Welt unterscheidet. Sie sind keine Schüler, die sich Wissen angeeignet haben, sondern sind von Jesus in die Jüngerschaft gerufen worden. Obwohl schon viel über dieses Thema gesagt und es bei vielen als überholt über Bord geworfen wurde, hat es nicht ausgereicht, ein gesundes Verhältnis zur gelebten Jüngerschaft zu gewinnen. Wir müssen neu entdecken, dass gelebte Jüngerschaft die Grundlage ist für die Frucht einer lebendigen Gemeinde.

Missverständnis Nr. 3 ist ein falsches Bild von dem Leben in der Gemeinde. Ein geläufiges Bild ist das des harmlosen Schafs auf der Weide. Damit meine ich ein Verständnis, in dem ein Schaf geschoren, gebadet, versorgt und beschützt wird, und das war es dann auch. Die Hirten passen auf ihre Schafe auf, laufen ihnen nach, wenn sie sich verirrt haben – ein trügerisches Bild von einer friedlichen Gemeinde, die sich selbst genügt. Menschen, die das Leben in der Nachfolge Jesu in dieser Weise verstehen, leben vollkommen an Gottes Absichten vorbei. Das Bild der Schafe auf der Wiese ist ein Bild des Gehorsams. Ja, der gute Hirte kennt seine Schafe und kümmert sich um sie – aber Schafe kennen die Stimme ihres Hirten und folgen ihr. Haben sie das nicht gelernt, sind sie höchst gefährdet und gehen verloren (Johannes 10,12).

„Meine Schafe hören meine Stimme, und ich kenne sie, und sie folgen mir." (Johannes 10,27)

Ein weiteres Bild von der Gemeinde ist das der „Braut". Wir verbinden mit der Braut oft ihr schönes Aussehen und die Freude, ihren Bräutigam zu sehen, aber auch hier müssen wir auf das richtige biblische Verständnis achten. Für die Braut ist das Entscheidende ihre Liebesbeziehung und ihre Reinheit, mit der sie vor dem Bräutigam steht. Nur eine heilige Gemeinde mit einer engen Liebesbeziehung zu ihrem Herrn wird von dem Bräutigam als seine Braut akzeptiert werden. Gott bereitet sich die Gemeinde als seine Braut zu. Aber stellen Sie sich eine Hochzeit vor, bei der die Braut ihr Hochzeitsversprechen ablegt und zu dem Bräutigam tritt und sagt: „Mein Geliebter, 364 Tage im Jahr bleibe ich dir von Herzen treu, aber einen Tag im Jahr möchte ich frei sein und mir einen anderen Liebhaber suchen." Wie würden Sie reagieren? Einen Tag Untreue heißt, dem Bräutigam 100 Prozent untreu zu sein. Was wird Jesus wohl zu uns sagen, wenn wir ihm unser eines Prozent Unabhängigkeit erklären wollen?

Ein drittes Bild der Gemeinde ist das des „Leibes“ in 1. Korinther 12. In vielen Predigten hören wir, dass jedes Glied des Leibes seine eigene Funktion hat. Man versteht es als die unterschiedlichen Bereiche und Aufgaben einer Gemeinde, die losgelöst von anderen wahrgenommen werden können. Unser normales Verständnis von der Gemeinde ist oft, ohne dass wir es merken, mit einem humanistischen Erbe verbunden, in dem der Mensch selbst im Mittelpunkt seines Denkens steht. Gemeint ist etwas anderes: Das Bild des „Leibes“ ist das einer fest gefügten Ordnung und einer gemeinsamen Zuordnung in der Gemeinde. Er ist ein Organismus, in dem sich die Glieder durch die Verschiedenheit ihrer Gaben ergänzen und dienen.

Jedes Bild der Bibel über die Gemeinde schließt Individualismus aus. Individualismus ist, wenn ich das noch einmal wiederholen darf, wenn ich „meinen eigenen Belangen vor den Bedürfnissen einer Gemeinschaft“ den Vorrang einräume. Er ist der größte Feind des kindlichen Gehorsams und ein Lebensprinzip, das in der Finsternis geboren wurde: „Ich tue, was ich will!“ Viele haben dieses Prinzip nach ihrer Bekehrung in das Reich Gottes hineingetragen und mit ihrem christlichen Lebensstil dann übertüncht. Aber eigentlich haben sie ihr Leben nicht geändert. Das Prinzip des Individualismus hat im Reich Gottes nichts zu suchen. Das Leben im Reich Gottes ist auf Beziehung und Gemeinschaft aufgebaut und basiert auf dem Prinzip der praktisch gelebten Nachfolge als ein Jünger Jesu. Die Gemeinde Jesu hat ein neues Konzept. Für Individualismus steht Leben in geheilten Beziehungen und die Freude, ihrem himmlischen Vater in kindlichem Gehorsam zu folgen. Wer so lebt, kann nicht mehr aufhören ihm zu dienen und Frucht zu bringen – das ist es, was ich eine Armee des Lichts nenne.

Ohne Jüngerschaft gibt es keine Früchte!

„Denn darin wird mein Vater verherrlicht, dass ihr viel Frucht bringt und werdet meine Jünger." (Johannes 15,8)

Ohne wirklich gelebte Jüngerschaft kann es keine Frucht geben. Jesus kannte die Pläne seines himmlischen Vaters und nichts, was er tat, passierte ohne dessen Willen. Das Konzept Jüngerschaft ist Gottes Erfolgsmodell, das im Himmel entstanden ist. Deswegen rief Jesus nach seiner Taufe zuerst Jünger in seine Nachfolge.

Ich habe das Vorrecht, mich mit Pastoren und Leitern unterhalten zu können, die große und erfolgreiche Gemeinden haben, und ich frage sie natürlich nach dem „Geheimnis" ihres Erfolgs. Cesar Castellanos baute mit seinem G12-Jüngerschaftsprinzip in Bogotá/Kolumbien eine Gemeinde mit über 100.000 Menschen auf. Satirio dos Santos hat eine erfolgreiche Gemeindearbeit mit 40.000 Mitgliedern in Cucuta/Kolumbien, ebenfalls auch Omar Cabrera, der damals 120.000 Mitglieder in seiner Gemeindebewegung in Argentinien hatte. Bei jedem, den ich fragte, war die Antwort gleich. Ihr Erfolgsgeheimnis war die Entscheidung, Jünger hervorzubringen und mit ihnen die Frucht zu multiplizieren. Wir müssen bereit sein, uns in Deutschland neu auf Jüngerschaft einzulassen, denn ohne Jüngerschaft gibt es keine bleibende Frucht. Sie ist die eigentliche Grundlage von Wachstum und Multiplikation. Ohne Jüngerschaft gibt es keine Frucht. Anders gesagt: Wenn wir Frucht bringen wollen, aber keine Jünger sind, wird die Frucht verderben. Hühner bringen Hühner hervor, Kanarienvögel bringen Kanarienvögel hervor und Jünger bringen eben Jünger hervor. Aber was bringen wohl Christen hervor, die ihren Individualismus aus der Welt in ihr Christsein und in ihre Gemeinden hinübergerettet haben? Es sind Christen, die vielleicht in den Gottesdienst kommen und, wenn es hoch kommt, in ihrem Hauskreis sitzen – sie empfinden alles, was sie weitergehend herausfordert, als einen falschen Anspruch und als eine Belastung. Wir haben leider oft ein verletztes oder doch amputiertes Verständnis von Jüngerschaft, weil wir es immer wieder mit „Verstand an der Garderobe abgeben", mit Ängsten, die uns bewegen, und vielleicht auch mit unseren Negativerfahrungen verbinden. Ich mache eine interessante Beobachtung: Menschen, die bereit sind, den Weg der biblischen Jüngerschaft zu gehen, sind keine „gehirnamputierten Mitläufer", sondern werden zu einer geistlichen Persönlichkeit. Haben Sie Zweifel? Was ist mit den zwölf Jüngern? Sie verließen alles und folgten Jesus nach, obwohl sie bis zuletzt an ihm zweifelten. Waren das naive, in ihrer Persönlichkeitsstruktur etwas schwache Mitläufer? Nein, wir sehen, wie Petrus, Jakobus und Johannes und alle anderen Jünger als eigene Persönlichkeiten, selbstständig und verantwortungsbewusst das Reich Gottes bauen. Diese Beobachtung mache ich überall, wo Menschen wirklich in Jüngerschaft leben. Auf meine Frage nach den Resultaten einer gesunden Jüngerschaft nannte mir Satirio Dos Santos drei Kennzeichen:

- Selbstständigkeit
- Verantwortungsbewusstsein
- der Wunsch und die Bereitschaft, Gott überdurchschnittlich zu dienen.

„Mir ist gegeben alle Gewalt im Himmel und auf Erden. Darum geht hin und machet zu Jüngern alle Völker, tauft sie auf den Namen des Vaters und des Sohnes und des Heiligen Geistes und lehrt sie halten alles, was ich euch befohlen habe. Und siehe, ich bin bei euch bis an der Welt Ende." (Matthäus 28,18-20)

Verstehen wir diesen Missionsbefehl richtig, kann man ihn auf mindestens drei Thesen zuspitzen:

1. „Geht hin" – Die Autorität für Städte und Nationen wird nur durch Jünger freigesetzt!

2. „Macht zu Jüngern" – Der Zielpunkt seines Missionsbefehls sind nicht Bekehrungen, sondern Jünger!
3. „Lehrt sie" – Jünger wird, wer wie Jesus Gehorsam lernt!

Jünger sind Leute, die in die Schule des kindlichen Gehorsams gegangen und zu Experten des Reiches Gottes geworden sind. Wir mögen das nicht so gerne hören, denn wir möchten unser Christsein oft so gestalten, dass wir uns darin wiederfinden können. Aber Jesus hat sich das anders vorgestellt. Nachfolge Jesu heißt, dass Jesus in uns wiederzufinden ist und sichtbar wird. Von Anfang an versuchte Jesus seinen Nachfolgern die absolute Notwendigkeit des völligen Gehorsams ihm gegenüber als Herrn ihres Lebens beizubringen. Wir sehen, wie der Sohn eines Tischlers dem erfahrenen Fischer Petrus sagt, er solle am hellichten Tage seine Netze auf dem See Genezareth auswerfen. Der Protest des Profi-Fischers ist leicht zu begreifen: „Herr, wir haben die ganze Nacht hart gearbeitet, ohne etwas zu fangen!" Aber irgendetwas bewog Petrus, nicht über Jesu Worte hinwegzugehen, und er lernte die entscheidendste Lektion seines Lebens. Er sagte: „Aber auf dein Wort hin werde ich die Netze noch einmal auswerfen." Der Fang war erstaunlich. Eine Minute Gehorsam Gott gegenüber ist unendlich mehr wert als die größten eigenen Anstrengungen. Während der drei Jahre Jüngerschaft musste diese Lektion immer wieder gelernt werden, aber wir sehen an dem erstaunlichen Wachstum der Gemeinde in der Apostelgeschichte, wie effektiv und wirksam sie sich erwiesen hat. Eine schlagkräftige Armee zeichnet sich durch einen sofortigen Gehorsam auf das Wort des Befehlshabers aus. Jede konventionelle Armee weiß, wie unbedingt notwendig das ist. Ohne einen direkten Gehorsam wird die Wirksamkeit einer Truppe ernsthaft beeinträchtigt. Um diese Qualität der Reaktion zu erhalten, braucht es zahlreiche Stunden der Ausbildung. Jünger sind die Soldaten einer Armee, die es gelernt, hat ihrem Herrn gehorsam zu sein. Sie gehören zu der Armee des Lichts, die Gott in dieser Zeit neu ruft und etabliert. Diese Armee wird die Autorität haben, ihre Städte und Nationen zu durchdringen und den Missionsbefehl Jesu auszuführen.

Ein Jünger ist ein Nachahmer!
Ein Jünger hat sich dafür entschieden, sich von Menschen anleiten zu lassen. An dieser Stelle sind wir beraubt worden und reagieren deswegen als Christen in einer Kirche, einem Werk oder einer Gemeinde höchst empfindlich. Dabei ist es in unserem nächsten Umfeld selbstverständlich, dass mich, wenn ich wachsen und lernen möchte, ein anderer Mensch anleitet. Manager werden trainiert und lassen sich anleiten. Ärzte, die gerade studiert haben und in einer Klinik Verantwortung übernehmen, werden, selbst wenn sie die beste Ausbildung gehabt haben, von anderen Ärzten angeleitet. Sie selbst sind sicher in Ihrer Berufsausbildung angeleitet worden. Würde mich niemand anleiten, wäre ich allein gelassen. Ein Jünger ist ein Nachahmer. Wenn ein Kind mit seinem Vater zusammen ist, schaut es genau zu, wie der Vater es macht, und ahmt ihn nach. Jesus tat nichts, was er bei seinem Vater nicht gesehen hatte, und die Jünger haben genau das weitergegeben, was sie bei Jesus gesehen und gehört haben. Deswegen sagten Petrus und Johannes vor dem Hohen Rat:

„Wir können's nicht lassen von dem zu reden, was wir gesehen und gehört haben." (Apostelgeschichte 4,20)

Kindlicher Gehorsam heißt, ein Nachahmer zu sein. Ich hatte immer wieder Vorbilder, die ich nachgeahmt habe, und andere, die mich in meiner Nachfolge anleiteten und an die Hand nahmen. 1972 bekehrte ich mich in den Ausläufern der Jesus-People Bewegung durch Volkhard Spitzer und sah einfach, wie viele drogenabhängige und kaputte Leute zu Jesus kamen. Seine Hingabe an die Verlorenen hat mich als Teenager geprägt. Zwei Jahre später erlebte ich die Erfüllung mit dem Heiligen Geist durch einen Segnungsgottesdienst mit Pfarrer Reiner Edel, der einer der Initiatoren und Träger der Charismatischen Bewegung war, in einer wunderschönen evangelischen Kapelle. Seine Bibelarbeiten haben mich ebenfalls geprägt. Ich fand einen Straßenevangelisten, der kühn mit seiner Bibel Menschen zu Jesus führte, und ich begleitete ihn und ahmte ihn nach. Ich erlebte prophetische Seelsorge und Befreiung durch unsere geistlichen Eltern in Ungarn und ahmte sie nach. Ich sah mir mit meiner jetzigen Frau eine funktionierende Familie an und wir versuchten herauszufinden, wie sie funktioniert, und als wir dann heirateten, ahmten wir es nach. Wir fanden in unserem Pastor einen Hirten, der uns nicht alleine ließ. Wir ordneten uns ihm unter, und er suchte mit uns den Willen Gottes für unser Leben und nahm uns an die Hand. Wir sind oft zu stolz, uns von Menschen anleiten zu lassen und Nachahmer zu sein. Benny Hinn ließ sich von Kathryn Kuhlman an die Hand nehmen und empfing eine ungleich größere Salbung als diese Frau Gottes. Suzette Hattingh hat sich von Reinhard Bonnke an die Hand nehmen lassen und empfing eine wunderbare Salbung für Fürbitte und Evangelisation. Ich könnte diese Reihe beliebig fortsetzen, aber meine Frage ist: „Von wem haben Sie sich an die Hand nehmen lassen?“, und wenn nicht, „Werden Sie sich von jemandem an die Hand nehmen lassen?“

Jeder Jünger ist ein potentieller Leiter.
Eine der ermutigenden Tatsachen über die Jünger Jesu ist, dass sie ganz normale Menschen mit Fehlern und Schwächen waren, die wir nur allzu gut von uns selber kennen. Die Evangelien berichten ehrlich, wie die Jünger ehrgeizig und selbstsüchtig darum stritten, wer von ihnen der Größte sei. Sie waren schwach im Glauben, voller Angst und Furcht, impulsiv und unreif, stellten sich nicht zu ihrem Wort, waren deprimiert und ungeduldig mit Kindern, manchmal einfach zu faul zum Beten und, obwohl Jesus sie oft ermahnt und belehrt

hatte, dennoch nicht fähig zu verstehen, was am Kreuz von Golgatha geschah. Sie lernten wirklich sehr langsam, und vergaßen umso schneller die geistlichen Lektionen, die Jesu ihnen beizubringen versuchte. Mit anderen Worten, sie waren so wie die meisten von uns. Und doch waren das die Menschen, die er auswählte, um sie zu zukünftigen Leitern heranzubilden.

Reinhard Bonnke sagte einmal, dass Jesus eine ganze Nacht gebetet hat um der Versuchung zu widerstehen, sich die Besten herauszusuchen. Also nahm er alle Nullen, reihte sie aneinander, und stellte sich als eine Eins davor! Wir sind ohne Jesus wie die Nullen, aber mit Jesus an erster Stelle hat jede Null einen unendlichen Wert. Führungspersönlichkeiten entstehen aus der Bereitschaft, sich führen zu lassen. Deswegen ist jeder Jünger ein potentieller Leiter. Jeder Pastor oder Leiter wird erst dann erfolgreich Jünger ausbilden können, wenn er selbst bereit war, einer Leitung zu unterstehen. Sind Sie schon in die Armee des Lichts eingetreten? Die goldene Regel heißt auch hier, klein anzufangen.

„Come, join the army of light!“

Ich möchte an dieser Stelle eine Reihe von Merkmalen aufführen, die ein Teil unserer Jüngerschulung sind.[8] Das kann natürlich nicht vollständig sein, aber ich möchte Sie ermutigen, sie betend zu lesen und im kindlichen Gehorsam praktische Schritte zu gehen. Ich bin davon überzeugt, dass der Herr Sie in die Armee des Lichts gerufen hat!

Sind Sie bereit, transparent zu leben?

Die Jünger lebten von Anfang an in Offenheit voreinander und lernten, dass das die Quelle ihrer Gemeinschaft war (1. Johannes 1,7). Leben im Licht heißt, sein Leben in offener und ehrlicher Gemeinschaft mit anderen zu teilen.

Sind Sie bereit zu dienen?
Dienen ist keine einmalige Aktion, sondern ein Ausdruck der Demut. Jesus lehrte seine Jünger diese Lektion, indem er ihnen die Füße wusch (Johannes 13). Dienen ist nie Theorie und fängt in den kleinsten Bereichen praktisch an. Ein kleiner Tipp. Fragen Sie einfach einmal Ihren Pastor, Coach oder geistlichen Mentor: „Wo kann ich dienen?"

Sind Sie korrigierbar?
Korrigierbar ist, wer bei ehrlicher Kritik nicht in eine Verteidigungshaltung geht, sondern sein Herz offen hält und für sie dankbar ist und sie als ein Zeichen der Liebe versteht (Matthäus 18,15).

Sind Sie bereit zuzuhören und zu lernen?
Menschen, die nicht zuhören können, sind sich selbst genug. Jesus lehrte seine Jünger, zuzuhören und von ihm zu lernen (Lukas 10,41f).

Können Sie sich Menschen, die über Sie gestellt sind, unterordnen?
Unterordnung ist eine königliche Freiheit. Martin Luther: „Ein Christenmensch ist ein freier Herr über alle Dinge und niemandem untertan. Ein Christenmensch ist ein dienstbarer Knecht aller Dinge und jedermann untertan!"

Sind Sie bereit, sich unterzuordnen, selbst wenn Sie nicht alle Beweggründe verstehen oder nur ungern das tun, worum Sie gebeten wurden? (1. Thessalonicher 5,12)[9]

Sind Sie verfügbar?
Verfügbar ist, wer bereit ist, zu jedem Zeitpunkt zu dienen. Er unterwirft Gottes Befehle nicht seinen Gefühlen oder seinem Verstand, sondern hat es gelernt, unverzüglich zu reagieren (Lukas 5,4-9).

Gehen Sie zuverlässig und treu mit den Dingen um, die Ihnen anvertraut werden?
Jemand, der zuverlässig ist, muss nicht gedrängt werden, seine Aufgaben zu erfüllen. Er lässt auch keine halbfertigen Dinge liegen und schiebt Unerledigtes nicht auf (2. Timotheus 2,2). Erfüllen Sie kleine Aufgaben gut?

Leben Sie mit einem reinen Gewissen vor Gott und den Menschen?
Mit einem reinen Gewissen zu leben heißt, sich in einen ständigen Prozess der Reinigung, Wiederherstellung und Veränderung vom Heiligen Geist mit hineinnehmen zu lassen. Ich sage bewusst „Ja" zu einem Lebensstil, der bereit ist, jederzeit Sünde zu bekennen und wiedergutzumachen (1. Timotheus 1,19).

Können Sie wirklich vergeben?
Wenn Sie den Menschen, dem Sie vergeben haben, in den Arm nehmen können, wenn er/sie überraschend vor Ihnen steht, dann haben Sie wirklich vergeben (Matthäus 18,21ff).

Sind Sie ein Geber?
Ein Geber hat alles unter Gottes Herrschaft gestellt, auch sein Geld. Er weiß, dass er von Gott zum Haushalter über seinen Besitz eingesetzt ist, und gibt gerne, denn er weiß, dass er dabei am meisten gesegnet wird (2. Korinther 9,6-7).

Wie gebrauchen Sie Ihre Freizeit?
Erkennen Sie, dass alle Ihre Zeit eine Gabe Gottes ist, die weise gebraucht werden soll? (Epheser 5,15-17).

Worin haben Sie Ihre Identität?
Haben Sie Ihre Identität und Sicherheit in der Liebesbeziehung zum himmlischen Vater oder ziehen Sie Ihre Sicherheit aus Ihrem Erfolg? Vertrauen Sie auch noch in Zeiten der

Schwierigkeit auf die Liebe und Treue Gottes? (Matthäus 6,19-34)

Haben Sie ein klares Verständnis von den Prioritäten Gottes in Ihrem Leben?

Das Statement Jesu bei seiner Bergpredigt ist bis heute gültig und aktuell:

„Trachtet zuerst nach dem Reich Gottes und nach seiner Gerechtigkeit, so wird euch das alles zufallen.“ (Matthäus 6,33)

Anmerkungen

1) David Watson beschreibt in seinem Klassiker „Jüngerschaft“ die Auswirkungen der Hirtenbewegung in den USA. Die Verantwortlichen dieser Bewegung veröffentlichten 1976 eine Stellungnahme, die mit folgendem Wortlaut begann: „Wir erkennen, dass unter Christen Kontroversen und Probleme in Bezug auf Fragen wie Unterwerfung, Autorität, Jüngerschaft und Hirtentum entstanden sind. Wir bedauern diese Probleme zutiefst, und insofern sie auf unsere Schuld zurückzuführen sind, bitten wir unsere Mitgläubigen, die wir verletzt haben, um Vergebung.“ David Watson, Jüngerschaft, Hochheim, 1981, S. 56-61.
2) vgl. Watson, ebd., S. 60.
3) Die Berichte in den letzten Monaten über den sexuellen Missbrauch von Jugendlichen durch katholische Priester in den USA und auch in Deutschland zeigen, wie aktuell diese Problematik ist.
4) Vgl. dazu W. Mundle in: Theologisches Begriffslexikon zum Neuen Testament, Bd. 1, Wuppertal, 1983. Ich bin mir bewusst, dass ich mit diesem Thema die Frage um das „Charisma und Amt“ berühre. Es ist aber hier nicht der Ort, sich damit weiter auseinander zu setzen.
5) vgl. Watson, Jüngerschaft, S. 15.
6) Ralf Luther, Neutestamentliches Wörterbuch, Hamburg, 1958, S. 136 ff. Dieses Büchlein empfehle ich mit seinen sehr klaren Definitionen sehr.
7) Watson, S. 53

8) Watson, S. 62 f. Ich möchte an dieser Stelle noch einmal auf die hervorragende Darstellung über Jüngerschaft von David Watson hinweisen. Er hat einen Katalog von Kennzeichen eines Jüngers aufgeführt. Ich empfehle ihn in einer ruhigen Stunde vor Gott mit einem offenen Herzen anzuschauen.
9) Das Thema „Unterordnung“ wurde in einem Aufsatz von Richard Foster ausführlich und angemessen dargestellt. Richard Foster, Über die königliche Freiheit der Unterordnung, in: Punkt, Gießen 1991, Nr. 6.

Kapitel 8

Das große Krabbeln

... oder wie durch kindlichen Gehorsam eine Nation verändert werden kann

Ich habe in Deutschland eine interessante Beobachtung gemacht. Die fleißigsten Menschen sind in den Augen Gottes oft die faulsten! Das wird dem Leser vielleicht zu schaffen machen, denn wir in Deutschland sind doch dafür bekannt, von morgens bis abends schwer beschäftigt zu sein. Wir lieben es, die Ärmel hochzukrempeln. Über der Todesanzeige der Menschen, die sich Tag für Tag abrackern, steht dann: „Nur Arbeit war ihr Leben!" Wenn sie dann vor ihrem Herrn stehen, haben sie immer noch das Werkzeug in der Hand und fragen: „Was kann ich jetzt noch tun? Gibt es im Himmel einen Zehn- oder Zwölf-Stunden-Arbeitstag?" Sie werden sehr überrascht sein. Denn Gott sieht ihr Leben total anders. Sie sind fleißig gewesen und waren in den Augen Gottes einfach faul!

„Geh hin zur Ameise, du Fauler, sieh an ihr Tun und lerne von ihr! Wenn sie auch keinen Fürsten noch Hauptmann noch Herrn hat, so bereitet sie doch ihr Brot im Sommer und sammelt ihre Speise in der Ernte." (Sprüche 6,6-8)

Ich liebe es, mir die Männer und Frauen Gottes der Bibel anzusehen. Sie sind wunderbare Beispiele Gottes für unser Leben. Würde Abraham in Deutschland leben und hätten wir ihn persönlich kennen gelernt, bin ich nicht sicher, ob wir ihn so positiv beurteilen würden. Wir hätten ernsthafte Fragen: „Herr Abraham, was haben Sie in Ihrem Leben eigentlich geleistet? Sind Sie wirklich aus Ihrem Land ausgewandert und mit Ihrer Familie und Ihrem Besitzstand herumgezogen, um sich in einem andern Land niederzulassen?" Ich glaube, Abraham wäre bei uns durchgefallen. Er hätte wirklich etwas Produktiveres leisten können. Jakob würde bei uns schon besser wegkommen. Immerhin hatte er sich nach einem familiären Desaster hochgearbeitet, und das sollte man anerkennen. „Herr Jakob, Respekt – Sie haben sich Ihren Reichtum wirklich mit den eigenen Händen erarbeitet!" Aber Jesus. Wie kommt er eigentlich auf den Gedanken, seine gesicherte Position als Sohn eines selbstständigen Handwerkers zu verlassen? Und sein erstes Wunder tat er, als er untätig und faul bei einer Hochzeit herumsaß. Warum bloß verwandelte er Wasser in Wein? Wenn er wenigstens etwas Sinnvolleres getan hätte! Also, wir hätten unser erstes Wunder sicher an unserem Arbeitsplatz getan. „Jesus", so würden wir ihn fragen, „wie du mit den Zöllnern und Sündern umgegangen bist, sind wir eigentlich auch nicht einverstanden. Wie konntest du denken, dass einfach mit ihnen zusammen zu sitzen und zu essen ihnen irgendwie helfen würde?" Wir hätten einen Kursus „Hilfe zur Selbsthilfe" für Zöllner gestartet mit dem Titel: „Wie werde ich ein rechtschaffener und arbeitsamer Mensch?" Zuletzt kommt der Gipfel: Jesus hatte nicht mal sein eigenes Haus! Wenn er nicht in der Gegend herumtourte, wohnte er einfach bei seinem Freund Petrus zur Untermiete. Und könnten wir ihn beiseite nehmen und ihm einen guten Rat geben, würden wir sagen: „Jesus, bitte sei vernünftig – arbeite wenigstens, damit du dir deine Rente sicherst!" Ein Blick auf die Apostel zeigt, dass es bei ihnen auch nicht besser war. Nach der Kreuzigung hätten sie wirklich genug aufzuräumen gehabt, aber was machten sie? 40 Tage lang zogen sie sich mit anderen in Jerusalem zurück, und verbrachten die Zeit mit Warten und Gebet. Sie schienen auch nicht gerade die Arbeit erfunden zu haben, hätten sie doch wenigsten nebenbei etwas planen und Strategien erarbeiten können. Seien wir ehrlich: Hätten wir diese Männer und Frauen mit unseren Maßstäben gemessen, wären sie höchstwahrscheinlich durchgefallen.

Gottes Maßstäbe für Faulheit und Fleiß sind anders. Ich musste über John Hyde, den „Apostel des Gebets", nachdenken, der bis zu acht Stunden täglich betete und in Gottes Augen zu den Fleißigsten seiner Zeit gehörte. Am Ende seines Lebens soll sich jeder Mensch, der ihm begegnete, bekehrt haben. Oder ich musste an Männer in der heutigen Zeit denken, wie David Yonggi Cho, den Pastor der größten Gemeinde der Welt. Wie er nur seine Arbeit bewältige, wird er immer wieder gefragt, und seine Antwort verblüfft die Menschen. Die ersten sechs Stunden des Tages verbringt er im Gebet und mit Bibelstudium, dann arbeitet er noch zwei Stunden, um den Rest des Tages Zeit zum Golfspielen oder für andere Dinge zu haben. Da stöhnt das deutsche Herz gequält auf. Gottes Maßstab für Faulheit und Fleiß scheint doch von dem unseren sehr verschieden zu sein!

Aber was sind die Maßstäbe Gottes? Wenn ich einen Begriff verstehen möchte, bemühe ich zuerst ein Wörterbuch. „Faulheit", so der Duden[1], ist „das Trägesein, Bequemlichkeit, Unlust an Arbeit und an einer zielgerichteten Betätigung". Mein Blick wanderte über „vor Faulheit stinken" zum nächsten Begriff „faulig", der mein Nachforschen schon interessanter machte: „von Fäulnis befallen, angefault sein, das heißt, durch die Einwirkung von Bakterien entwickeln sich üble Gase, eine entstehende Zersetzung, ein innerer Verfall und Verwesungsprozess." Das beflügelte meine Phantasie ungemein und half mir weiter. Hier hatte ich eine exakte Analyse über den Zustand eines geistlich faulen Christen. „Geistliche Faulheit" ist ein Trägesein und eine Bequemlichkeit, die Unlust an einer zielgerichteten Hingabe an Jesus. Wer faul ist, wird faulig, das liegt in der Natur der Dinge! Soll ich es Ihnen beweisen? Machen Sie doch einfach in den nächsten zwei Wochen einen Versuch. Was würde wohl passieren, wenn Sie aus Faulheit Ihre Zähne nicht putzen würden? Ich könnte Ihnen viele Erlebnisse meines Vaters, der ja Zahnarzt war, erzählen. Es gibt Menschen, die sind zu faul und bequem, sich die Zähne zu putzen. Was wird passieren? Wir wissen es: Wo ich faul bin, wird etwas faulig – in diesem Fall die Zähne. Durch die Einwirkung von Bakterien entstehen üble Gase – im Klartext: der Mund fängt langsam, aber sicher an, entsetzlich zu stinken! Oder vermeiden Sie es, sich über eine längere Zeit zu waschen, und Sie werden einen ähnlichen Prozess bei sich beobachten. Wer faul ist, wird irgendwann faulig. Oder lassen Sie einmal einen angeschlagenen Apfel oder ein leckeres Stück Steak für einige Wochen liegen. Der Zersetzungsprozess beginnt sofort und es wird faulig stinken.

Was für die Schöpfung gilt, ist ebenso relevant für unser geistliches Leben. Man muss leider sagen, dass es viele Christen gibt, denen es genau so gegangen ist. Ihre geistliche Faulheit hat die Bakterie der Sünde angezogen und es entstand eine langsame Zersetzung ihres Glaubens. Sie sind durch ihre Faulheit faulig geworden und müffeln in ihrem Leben langsam vor sich hin. Sie suchen Hilfe und Gebet – aber es passiert bei ihnen kaum etwas. Man kann ihnen predigen, Seelsorge geben oder für sie beten, und trotzdem wird ihr Verwesungsgeruch immer stärker. Viele Menschen haben vergessen, dass sie selbst für den Segen verantwortlich sind, den sie von Gott empfangen. Wir selber entscheiden mit unserem Verhalten über Segen und Fluch in unserem Leben. Warum? Es gibt jemanden, der es ihnen erklärt – oder besser, ein Tier, das es uns lehrt: „Geh hin zur Ameise, du Fauler, und lerne von ihr!“, lesen wir in den Sprüchen. Begeben wir uns also zur Ameise und schauen, ob wir wirklich etwas von ihr lernen können!

Ich muss Ihnen vorher ein Geständnis machen. Ich bin kein Ameisenfan. Ich stelle mir unter Ameisenfans Leute vor, die bei ihrem Sonntagsspaziergang in einem Wald plötzlich auf ihre Knie fallen und begeistert ausrufen: „Schaut mal, eine Ameisenstraße!“, und so etwas habe ich noch nie getan. Ameisen fand ich eher lästig, als dass ich mir vorstellen konnte, etwas von ihnen zu lernen. Man weiß auch, dass Ameisenhaufen für irgendwelche Kuren nützlich sind und Menschen sich mit ihrem nackten Hinterteil auf solch einen Haufen setzen. Abgesehen davon, dass ich so etwas für die Ameisen ziemlich demütigend fand, war es auch nichts, was mein Interesse irgendwie sonderlich anregen könnte. Ameisen waren für mich einfach unwichtige Krabbeltiere. Aber die Bibel sagt, dass wir von den Ameisen lernen können, fragt sich nur, wie? Also, ab ins Internet, Suchmaschine öffnen und den Begriff „Ameise“ eingeben. Das erste, was ich las, brachte mich nicht sonderlich weiter. Soll ich Ihnen einige Sätze zitieren? „Die Männchen sind nur für bestimmte und kurze Zeit im Nest zu finden, da sie nach dem Hochzeitsflug aus dem Nest ausgeschlossen werden.“ Eigentlich reichte es mir schon, aber ich zitiere noch einen Satz: „Die Arbeiterin ist die meist verbreitete Art im Nest. Sie hat stark verkümmerte Geschlechtsorgane, mit denen sie sich fortpflanzen könnte, dazu haben sie meist verkleinerte Augen.“ Das törnt ab. „Die Soldaten sind meist größer als die Arbeiterinnen. Sie haben große Köpfe mit großen, kräftigen Kiefern.“ Als ich das las, sah ich vor meinem inneren Auge, wie sich die ganze Gemeinde in Ameisen mit großen Köpfen und kräftigen Kiefern verwandelte. Das Nächste, was ich in der Suchmaschine fand, vermochte meine Stimmung auch nicht gerade zu heben. Es war ein hässliches Bild von einer Ameise, mit langen Beinen, Stacheln und Haaren überall. Das erste Ergebnis meiner Untersuchung war also folgendes: Ameisen sind klein, hässlich, giftig, krabbelig und sie machen große Haufen. Bevor ich frustriert meine Nachforschungen über die Ameise beenden konnte, fing der Herr an, zu mir zu reden und lehrte mich über das „große Krabbeln“.

1. Was in unseren Augen klein und unbedeutend ist, ist in den Augen Gottes ein Schwergewicht!

Viele Christen fühlen sich so, wie ich die Ameise beschrieben habe. Sie fühlen sich klein, hässlich, unbedeutend, krabbelig und machen hier und dort große geistliche Haufen. Also hören wir auf die erste Lehre der Ameise: Was in unseren Augen klein und unbedeutend ist, ist in den Augen Gottes ein Schwergewicht! Viele Christen fühlen sich so klein und unbedeutend wie eine kleine Ameise, die sich vor dem Elefanten im Porzellanladen verkriecht und aufpassen muss, dass sie nicht zertrampelt wird. Sie fühlen sich hässlich und lehnen sich, so wie sie sind, ab. Kommt ihnen jemand zu nahe, verspritzen sie vielleicht auch ein wenig Gift. Sie denken: „Alles, was ich mache, ist zu gering und zu wenig wert, was kann ich kleiner Mensch schon irgendwie ausrichten?!" Kennen Sie dieses kleine, unbedeutende, große Haufen machende Ameisengefühl?

Gott sei Dank habe ich noch etwas anderes im Internet gefunden. Als ich das las, bekam ich meinen Mund vor Staunen fast nicht mehr zu. Wussten Sie, dass die Körpermasse aller derzeit auf der Erde lebenden Ameisen schwerer wiegt als die Körpermasse aller zurzeit auf der Erde lebenden Menschen? Sehen Sie, eine Ameise wiegt höchstens fünf Milligramm, und wie viel ein Mensch ungefähr wiegen kann, sehen Sie regelmäßig selbst auf Ihrer Waage. Würden Sie alle Ameisen der Welt mit einer überdimensionalen Waage wiegen können, und ebenso alle zur Zeit auf der Erde lebenden Menschen, wäre das Gewicht der Ameisen mindestens fünfmal so hoch! Als ich das las, war ich völlig begeistert. Der Heilige Geist begann sogleich zu sprechen und sagte: „Sieh genau hin! Was du für klein und unbedeutend hältst, ist in meinen Augen besonders wichtig und hat ein schweres Gewicht." Genau so sieht er jeden Menschen, Sie und mich. Wir sind in seinen Augen nicht unbedeutend, klein und gering, obwohl wir uns oft so fühlen. Nein, Gottes Perspektive von

Ihrem Leben ist anders. Sie sind für ihn ein VIP – eine „Very Important Person“! Für ihn sind Sie ein geistliches Schwergewicht!

2. **Was in unseren Augen wenig ist, hat in Gottes Augen ungeheure Kraft und Autorität!**

Ich dachte, dass so eine kleine Ameise einfach aufpassen müsse, dass ich nicht versehentlich mit meinem Fuß auf sie trete. Noch niemals hatte ich mir die Mühe gemacht darüber nachzudenken, wie groß ihre Kraft und Autorität wirklich ist. Immer wieder leben wir so, als ob wir durch unser Leben nichts bewirken könnten. Wir schauen auf Leute, die begabter, gesalbter und gesegneter sind als wir. Viele Christen glauben nicht wirklich, dass Gott ihnen Autorität über alle Macht des Feindes gegeben hat und sie die Vollmacht haben, für Gott „Beute“ zu machen. Aber Ameisen lehren uns, wie falsch wir denken. Kommen Sie, und lernen Sie mit mir von der unbedeutenden, kleinen Ameise! Wussten Sie, dass Ameisen die Tiere sind, die von allen Tieren auf der Welt am meisten Beute machen, und dass ein Ameisenvolk bis zu 100.000 Beutetiere in ihr Nest schaffen kann? Sie fressen über 85 Prozent aller toten Tiere, fallen in ihrer Wanderschaft über alles her, was nicht niet- und nagelfest ist, dass selbst sogar Menschen vor ihnen fliehen müssen. Sie haben eine ungeheure Kraft und Autorität. Die schnellste körperliche Reaktion aller Individuen hat die Ameise. Sie kann ihren Kiefer in weniger als einer Tausendstel Sekunde auf- und zuschnappen lassen. In meinen Augen wurde die Ameise größer und größer. Sie lehren uns über eine ungeheure Autorität und Schnelligkeit, die keinem Menschen zur Verfügung steht. Sie sind mit ihren Waffen perfekt ausgerüstet. Manche haben keinen Stachel, sondern eine Giftspritzdüse, mit der sie Gift bis zu einem halben Meter weit spritzen können. Und das ist noch nicht genug: Ameisen haben die chemische Kampfführung entwickelt, die von den Menschen erst im letzten Jahrhundert entdeckt wurde. Wenn Ameisen andere Völker angreifen, verströmen sie einen derartigen Duft, dass die angegriffenen Ameisen in Panik das Nest verlassen. Ameisen sind keine harmlosen, unbedeutenden Tiere. Sie sind mit allen Waffen und Attributen ausgerüstet, um ihre Feinde zu schlagen. Sind wir bereit, von ihnen zu lernen? Wir haben unvergleichlich mehr Kraft und Autorität über alle Macht des Feindes! Gott hat uns die Waffen des Lichts in die Hand gegeben. Wir sind von Gott mit einer Waffenrüstung ausgestattet, die uns unschlagbar macht, und wir kämpfen mit einer Autorität, der niemand widerstehen kann. Unsere Waffen sind messerscharf. Sie sind schneller als jede feindliche Waffe und haben eine unvergleichlich größere Autorität als jede Macht der Finsternis! Als die Jünger zusammenkamen, übergab Jesus ihnen eine ungeheure Vollmacht und Autorität, die kein Mensch haben kann und die nur Gott selbst verleiht. Kommen Sie und hören Sie auf, gering von sich zu denken. Ergreifen Sie Ihre Autorität! Jesus hat sie Ihnen in Ihre Hand gelegt! Er sagt zu Ihnen und zu mir:

„Siehe, ich gebe euch Macht, auf Schlangen und Skorpione zu treten und über die ganze Kraft des Feindes, und nichts soll euch irgendwie schaden.“ (Lukas 10,19)

3. Sie bewirken alleine nicht viel, sind aber als Volk unschlagbar!

Wollen wir noch mehr über die Ameisen lernen? Sie sind Millionen über Millionen von Individuen, und jede Ameise hat ihr Aufgabengebiet und ihren Bereich, den sie exakt ausfüllt. Es ist ein Superorganismus, in dem jeder auf den anderen angewiesen ist. Verstehen wir jetzt, warum wir von den Ameisen lernen sollen? Es war so, als ob der Herr zu mir sagen würde: „Wer alleine bleiben will, wird nichts ausrichten, aber als mein Volk seid ihr unschlagbar und könnt Nationen durchdringen und verändern!" Die Ameisen wurden für mich immer mehr zu einem Reden Gottes über sein Volk.

Ameisen sind aufeinander angewiesen. Sie ziehen auf ihren Ameisenstraßen hintereinander her. Da ist keine, die mal links oder mal rechts krabbelt. Läuft die vordere im Kreis, läuft die andere hinterher, bleibt die vordere stehen, gibt es einen Ameisenstau, und alle können nicht weiter. Der Grund ist einfach. Ihr Weg ist durch die Duftspur der vorherlaufenden Ameise markiert. Sie gehen hintereinander her und riechen den Duft der vorgelegten Spur. Diese Spur riecht nicht nach Fäulnis oder Verfaulung. Es ist eine Duftmarke, die garantiert, ans Ziel zu kommen. Bei Christen ist es die Duftmarke ihrer Hingabe an Jesus, die wie ein Wohlgeruch ist, der an allen Orten wahrgenommen wird. Wo diese Hingabe ist, sind wir aufeinander angewiesen und reihen uns in die Ameisenarmee des Lichts ein. Jesus sagt, dass wir wie lebendige Steine sind, die zu einem geistlichen Haus aufeinander aufgebaut sind (1. Petrus 2,5). Kein Stein kann diesen Bau alleine zusammenhalten. Die Steine tragen und stützen einander. Sie sind aufeinander angewiesen. Die Ameisen lehren uns, dass kein Mensch und kein Werk oder Gemeinde alleine zum Ziel kommt.

„Gott sei aber gedankt, der uns allezeit Sieg gibt in Christus Jesus und offenbart den Wohlgeruch seiner Erkenntnis durch uns an allen Orten!" (2. Korinther 2,14)

Ameisen halten ihr Nest sauber. Wenn sie in ihrem Nest riechen, dass eine andere Ameise tot ist, befördern sie diese so schnell wie möglich hinaus. Dabei ist es interessant, dass Artgenossen, die den Leichengeruch angenommen haben, gleich ebenfalls mit hinausbefördert werden. Verwesungsgeruch wird in ihrem Haus nicht geduldet – ist das nicht ebenso im Haus Gottes? Gott hat uns dazu berufen, über die Sünde zu regieren und nicht mir ihr zu leben. Bei dem Verwesungsgeruch der Sünde wird die Armee des Lichts sofort aktiv – denn Gottes Licht kann keine Gemeinschaft mit der Finsternis haben (vgl. 1. Johannes 1,5-7).

Ameisen tragen Heilung in sich. Wussten Sie, dass Ameisen die Herstellung von Antibiotika schon lange vor dem Menschen entdeckt haben? Eine Ameisenart produziert eine Substanz, die das Verwesen und Vermodern gesammelter Pflanzenteilchen verhindert. Durch das Blut Jesu tragen wir seine Vergebung, Gnade und Heilung mit uns. Sie sind gerettet und geheilt und tragen in seiner Armee des Lichts an jeden Ort eine wunderbare Vollmacht, Kranke zu heilen, mit sich.

Ameisen verlaufen sich nicht. Obwohl das Gehirn einer Wüstenameise nur 0,1 mg schwer ist, kann sie über mehrere hundert Meter wieder in ihr unterirdisches Nest zurückfinden. Setzen Sie das einmal in die Relation zu der Größe eines Menschen, wären das mehrere Millionen Kilometer, ohne Kompass oder andere technische Orientierungshilfen. Die Ameise orientiert sich nach dem Polarisationsmuster des Himmels. Mit 0,1 mg Hirn! Wenn ich den Himmel mit meinem großen Hirn anschaue, dann weiß ich noch nicht einmal, was ein Polarisationsmuster ist. Und sollte ich mich selbst nur einige Hundert Kilometer orientieren, wäre ich sogar noch mit einem Kompass aufgeschmissen! Ameisenchristen mögen sich vielleicht klein und unbedeutend fühlen – aber sie haben einen großen Gott! Er führt sie sicher! Deswegen sagt der Psalmist:

„*Dein Wort ist meines Fußes Leuchte und ein Licht auf meinem Wege.*“ (Psalm 119,105)

4. Gottes Auftrag hat sich nie geändert!

Wir müssen gestehen, dass wir als Christen, gemessen an den gewaltigen Entwicklungen in Politik und Gesellschaft, oft wie die kleinen Ameisen leben. Meistens leben Christen mit einem Ameisenbewusstsein und lehnen sich selbst ab. Sie fühlen sich klein und unbedeutend und unfähig, mit ihrer kleinen Kraft etwas auszurichten. Ich bin davon überzeugt, dass die Lehre von der Ameise unser Leben revolutionieren kann.

Ich glaube, dass wir von den ersten Christen lernen sollten, wie sie innerhalb einer kurzen Zeit den ganzen Mittelmeerraum veränderten. Die Widerstände waren, gemessen an der heutigen Zeit, wesentlich schwieriger. Das römische Weltreich strotzte vor Kraft und schien unbesiegbar zu sein. 120 Christen in einem Obergemach in der von den Römern besetzten Stadt Jerusalem standen einem Heer von Soldaten, Intellektuellen und Staatsdienern gegenüber. Menschlich gesehen hatten sie keine Chance. Einhundert Jahre später war der ganze Mittelmeerraum von der Gemeinde Jesu durchdrungen. Etwa dreihundert Jahre später wurde im römischen Reich das Christentum zur Staatsreligion und Kaiser Konstantin musste sagen: „Der Galiläer hat mich besiegt!"

Wodurch ist dieses Wunder passiert? Ameisenchristen durchkrabbelten zuerst ganz Jerusalem, dann Samaria und Judäa, und gingen bis an das Ende der Welt. Überall wohin sie kamen, hinterließen sie ihre Duftspuren und brachten ein Lawine ins Rollen, die den ganzen Mittelmeerraum mit dem Evangelium durchdrang und veränderte.

Gottes Auftrag hat sich nie geändert. Sein Maßstab an Faulheit oder Fleiß ist bis heute an unseren kindlichen Gehorsam gebunden. Die Maßeinheit an seiner Messlatte hat einen anderen Richtwert. Sie wird nicht in Zentimetern, Metern oder Zoll gelesen. Gottes Maßstab für Faulheit oder Fleiß ist sein Auftrag, den er vor ungefähr 2000 Jahren seinen Jüngern gab, und der sich bis heute nicht geändert hat.

„Ihr werdet die Kraft des Heiligen Geistes empfangen, der auf euch kommen wird, und werdet meine Zeugen sein in Jerusalem, und in

ganz Judäa und Samarien, bis an das Ende der Welt." (Apostelgeschichte 1,8)

Das Feuer des Heiligen Geistes war wie das himmlische Startsignal für das Volk Gottes, loszurennen und das Evangelium an alle Plätze und Orte zu tragen. Die ersten Christen setzten sich nicht erst in Komiteesitzungen zusammen, um Pläne und Strategien zu entwickeln, nein, sie fingen direkt dort an, wo sie waren. Sie durchkrabbelten alle Häuser, Restaurants, Straßen und Marktplätze, und innerhalb kürzester Zeit war Jerusalem vom Evangelium durchdrungen. Vorsichtig geschätzt kann man von bis 18.000 Christen in der Gemeinde der ersten Zeit ausgehen, wobei in Jerusalem zur Zeit Jesu ungefähr 50.000 Menschen lebten.[2] Aber selbst die lebendigste Gemeinde einer Stadt hat allein durch ihre Existenz ihren Auftrag noch nicht erfüllt. Fünfzehn Jahre nach der Ausgießung des Heiligen Geistes hatte die Gemeinde in Jerusalem ihren Auftrag immer noch nicht erfasst. Die Gemeinde in Antiochien hatte Missionsteams unter der Leitung von Paulus ausgesandt, aber der größte Teil der Jerusalemer Gemeinde hatte immer noch nicht verstanden, dass Gottes Auftrag jedem Einzelnen von ihnen galt. Selbst die meisten der Apostel hatten auch nach fünfzehn Jahren Jerusalem immer noch nicht verlassen. Erst durch eine Verfolgung waren sie bereit, Gottes Ruf wirklich zu folgen.

Wie man die Holzscheite eines brennenden Feuers auseinander zieht und damit einen Flächenbrand entfacht, so wollte der Herr die Ameisenchristen in alle Länder und Nationen krabbeln lassen. Überall wo sie hinkamen, brachten sie das Feuer und die Salbung des Heiligen Geistes mit sich. Gott hatte sie berufen, Städte und Nationen für ihren Herrn einzunehmen und durch ihren Glauben Königreiche zu bezwingen. Gott hatte sie nicht gerufen, sich in Jerusalem in ihrer Gemeinde wohl zu fühlen, sondern sie gehörten jetzt zu einem Volk, das gemeinsam unschlagbar war. Wo die Apostel mit der Duftspur des Heiligen Geistes ihren Weg markierten, begann das große evangelistische Krabbeln.

In Tübingen war inzwischen eine lebendige Gemeinde entstanden und wir freuten uns an der Gegenwart des Heiligen Geistes. Wir sahen, wie viele Menschen gerettet wurden, aber Gott war das nicht genug. Ich erinnere mich an einen Gottesdienst, zu dem wir einen Gastsprecher eingeladen hatten. Während der Predigt hielt er inne, schaute uns an und gab uns ein prophetisches Wort weiter. „Wenn ihr nicht in andere Nationen geht, werde ich euch zerstreuen!" Nun pflege ich mit solchen Worten nicht aufgeregt umzugehen, sondern sie erst einmal zu prüfen und ruhen zu lassen. Aber in diesem Jahr sandte der Herr uns dreimal unterschiedliche Männer und Frauen Gottes, und sie hatten alle dasselbe Wort. Es war an der Zeit, etwas zu unternehmen.

Lebendige Gemeinden, gesegnete Gottesdienste und auferbauende Konferenzen und Seminare, in denen, immer etwas anders verteilt, aber meistens doch dieselben Menschen sitzen, sind in der heutigen Zeit nicht genug. Wir müssen als Volk Gottes bereit sein, mit unserer Selbstgenügsamkeit Schluss zu machen. Es ist unsere Berufung, wie die Ameisen der Duftspur des Heiligen Geistes zu folgen und unsere Nation zu durchdringen. Wir folgen der Duftmarke von Männern und Frauen Gottes, die Menschen zu Jesus gebracht haben, wie Billy Graham, Carlos Annacondia, Reinhard Bonnke oder Anton Schulte und vielen, vielen mehr. Ameisen können nicht bei ihrem Haufen bleiben. Sie krabbeln hinaus, überall in ihre Umgebung, in ihre Städte und Dörfer, ganz gleich, wo es ist, und können nicht ruhen, bis sie ihre Beute eingebracht haben. Passt dieses Bild nicht genau auf uns?

Gott hat uns dazu berufen, im kindlichen Gehorsam seinen Auftrag auszuführen. Er gilt für jeden von uns, gerade da, wo wir leben. Er ist unabhängig von unserer Bildung, Arbeitsstelle oder unseren Gaben. Wir sind noch nicht wie die Ameisen in Deutschland ausgeschwärmt. Das große Krabbeln muss erst noch beginnen.

Ich bin davon überzeugt, dass eine Nation nicht durch Massenevangelisation erreicht werden kann, so dankbar ich dem wunderbaren Dienst von Reinhard Bonnke in Afrika bin oder so gerne ich Stephen Hill oder andere Evangelisten höre und sie mein Leben geprägt haben. Unsere Nation wird durch Ameisenchristen durchdrungen und verändert, die es gelernt haben der Stimme Gottes mit kindlichem Gehorsam zu folgen und anfangen ihre Nation zu „durchkrabbeln". Sie beginnen in ihrer Umgebung und Nachbarschaft, klopfen an die Türen, teilen ihr Leben, beten für Menschen in Not und lieben es, mit Sündern Gemeinschaft zu haben. Sie durchkrabbeln ihre ganze Stadt und ziehen ihre Duftspuren überall dort, wo sie sind, und sind sich ihrer ungeheuren Autorität bewusst. Sie sind Experten ihres Fachs und wissen, dass sie einander brauchen. Wo sie sind, hinterlassen sie ihre Duftspuren, sei es in der Politik, in der Wirtschaft, in den Medien, in der Kultur oder in anderen Bereichen der Gesellschaft. Das 21. Jahrhundert gehört den Ameisenchristen. Alleine werden sie nichts bewegen können, aber gemeinsam als Volk Gottes haben sie eine ungeheure Autorität. Sie sind die einzige Antwort Gottes, um Deutschland und Europa zu verändern! Wenn ein Mensch die Vollmacht hätte, jede Woche 1 Millionen Menschen zu Jesus zu bringen, bräuchte er dafür 120 Jahre! Aber nur eine Millionen Ameisenchristen können in 10 Jahren die ganze Weltbevölkerung mit dem Evangelium durchdringen und für Jesus erreichen.

Das fängt im kleinsten Bereich an. Vor einiger Zeit riefen Charlotte und ich Suzette Hattingh an und wollten uns mit ihr verabreden. Suzettes Antwort war, dass sie keine Zeit habe, da sie abends eine Tupperparty durchführe. Sie wissen sicherlich, dass zu diesem Anlass spezielle Haushaltsgegenstände verkauft werden. Ich war schon etwas irritiert – wollte Suzette auf diese Weise Geld verdienen? Das konnte ich mir kaum vorstellen. Und ihre Antwort hat mich begeistert. Sie hatte alle Anwohner ihres Hauses und ihrer Nachbarschaft persönlich mit einer wunderschönen Einladung zu sich eingeladen. Und alle kamen. Fünfzehn Nachbarn saßen bei Suzette zusammen, und es war der Start von Kontakten und Beziehungen in ihrer nächsten Umgebung. Glauben Sie, dass so etwas ohne Auswirkungen bleibt?

Ameisenchristen krabbeln in Nachbarschaften und Häusern auf die Straßen und Marktplätze, in ihre Berufs- und Arbeitswelt, und sehen dort die Menschen, die verloren sind, und schnappen sie mit einer ungeheuren Schnelligkeit mit den Kiefern der Liebe und Barmherzigkeit Gottes. Sie sind ausgerüstet mit der Kraft des Heiligen Geistes und tragen die Heilung in sich; wo sie hinkommen, werden Menschen von der Kraft Gottes überführt, gerettet und geheilt. Auch wenn sie sich klein, hässlich und unbedeutend fühlen und denken, dass sie mit einem Fußtritt zerstampft werden könnten, vermehren sie sich und werden immer mehr. Ameisenchristen fühlen sich oft klein und unbedeutend – aber sie sind es nicht, denn sie sind ein mächtiges Volk.

Paulus und Silas schienen als Einzelpersonen im römischen Reich völlig bedeutungslos zu sein. Ungefähr acht Jahre später schreibt Paulus in seinem Brief an die Römer, dass er im Mittelmeerraum kein Arbeitsfeld mehr hat (Römer 15,23) und deshalb jetzt nach Spanien aufbrechen könne. Hatten sich alle bekehrt? Nein! Aber die Ameisenchristen hatten in ihren Städten und Nationen Gottes Ruf gehört und fingen an zu krabbeln, bis der ganze Mittelmeerraum vom Evangelium durchdrungen und verändert war.

Ameisenchristen sind für Gott unendlich wichtig. Sie haben es gelernt, die Stimme Gottes zu hören und ihr im kindlichen Gehorsam zu folgen. Sie gehen einen radikalen Weg. Nicht in eifernder Gesetzlichkeit oder moralisierender Gewalt. Nein, sie vertrauen Gottes Stimme wie die Kinder und folgen ihr Schritt für Schritt auf allen Wegen, egal wie gefährlich und unwegsam sie auch aussehen mögen! Gottes Auftrag hat sich bis heute nicht geändert. Es ist der Ruf Jesu, Menschen zurück in die Arme des Vaters zu bringen. Er ist das Zentrum unserer Berufung als Kinder Gottes: „Geht hin und predigt das Evangelium allen Nationen!“ Wir haben diesen Auftrag an andere „begabte Evangelisten“ abdelegiert und uns auf allzu wichtige Aufgaben, die unseren Gaben entsprachen, zurückgezogen. Aber Gott hat Sie und mich gerufen!

Aufgrund des prophetischen Wortes, das wir als TOS erhielten, zogen wir uns 1997 mit ungefähr 20 Leitern für zwei Wochen ohne festgelegtes Programm zurück und suchten Gott, um seine Stimme zu hören. In diesen zwei Wochen wurden unsere Missionsdienste in Lateinamerika und Weißrussland geboren, in welchen zur Zeit in sieben Zentren bis jetzt ca. 50 Mitarbeiter tätig sind. Sie arbeiten unter Straßenkindern, Drogenabhängigen und Aidskranken. Wenn Sie in die internationalen Zentren kommen oder in unsere neu gegründeten Gemeinden oder uns einfach in Tübingen besuchen, werden Sie – hoffentlich – auf ein Kennzeichen treffen, das das Zentrum des Dienstes von Charlotte und mir ausmacht: kindlicher Gehorsam, der in einer Liebesbeziehung zum himmlischen Vater gegründet ist.

Anmerkungen

1) Duden, Bd. 2, S. 805
2) Dave Foster (Hrsg.), Jesus und Jerusalem, Gießen, 1980, S. 49 ff

Epilog

Josef war ein beneidenswerter Mann. Die Bibel sagt über ihn, dass der „Herr mit ihm war und ihm alles glückte" (1. Mose 39,2). Erinnern wir uns noch? Er war der Lieblingssohn seines Vaters, was durch den bunten Rock für alle erkennbar war. Von Eifersucht und Neid erfüllt, verkauften ihn seine Brüder nach Ägypten, wo er die kleinen Gehorsamsschritte des Glaubens bitter lernen musste. Josef verlor alles, was er besaß: sein Vaterhaus, seine Heimat, sein Hab und Gut und, das Kostbarste, was er hatte – seinen bunten Rock. Dennoch hatte er etwas, was ihm niemand rauben konnte: die Liebesbeziehung zu seinem himmlischen Vater. Was er auch erlebte und durch welche Schule er in Ägypten auch zu gehen hatte, vergaß er nie, wer er in Gott war. Die Liebe und Annahme seines Vaters hatte ihm eine Identität gegeben. Josef liebte es, an dem Platz, wo Gott ihn hingestellt hatte, zu dienen und ihm gehorsam zu sein, weil er sich von ihm zutiefst geliebt und angenommen wusste. Er lebte in einer intimen Liebesbeziehung zu seinem himmlischen Vater.

Ich möchte Sie am Ende dieses Buches zu dieser Liebesbeziehung einladen. Kommen Sie – der Vater hat seine Hände ausgestreckt und sagt zu Ihnen: „Ich habe schon so lange auf dich gewartet! Du bist mein geliebtes Kind!" Er hat Ihnen und mir noch viel mehr gegeben als einen bunten Rock. Er schenkte uns alles, was er besaß: seinen geliebten Sohn Jesus Christus! Er hat uns die Tür zu seinem Vaterherzen weit geöffnet! Sollten wir nicht im Gebet zu ihm kommen und sein Angesicht suchen? Wir verbringen oft so viel Zeit mit unwichtigen Dingen. Nehmen Sie sich die Zeit, vielleicht einen Tag oder sogar zwei Tage, um dem himmlischen Vater in seiner Liebe neu zu begegnen. Es wird Ihr Leben revolutionieren! Er freut sich auf Sie, so wie ein Vater auf sein Kind wartet.

„Ist Gott für uns, wer kann wider uns sein? Der auch seinen eigenen Sohn nicht verschont hat, sondern hat ihn für uns alle dahin gegeben – wie sollte er uns mit ihm nicht alles schenken? Wer will die Auserwählten Gottes beschuldigen? Gott ist hier, der gerecht macht. Wer will verdammen? Christus ist hier, der gestorben ist, ja, vielmehr der auch auferweckt ist, der zur Rechten Gottes ist und uns vertritt. Wer will uns scheiden von der Liebe Christi?" (Römer 8,32-35a)

In Deutschland haben ganze Generationen mit einem unersättlichen Hunger nach Liebe, Geborgenheit und Anerkennung gelebt. Vielleicht gehören Sie dazu. Es ist mein Gebet, dass Sie Ähnliches erleben, wie ein Freund, der einmal zu mir kam und Folgendes erzählte: „Ich hatte mein Leben lang ein quälendes Gefühl der Leere in mir. Manchmal war es in mir wie ein Schrei – gibt es überhaupt jemanden, der mich liebt? Mein Leben war von Zweifeln und emotionalen Schwankungen geprägt. Das war eigentlich nicht zu verstehen, da ich doch glücklich verheiratet bin und wunderbare Kinder habe. Meine innere Not verschwand erst, als ich die Liebe und Annahme des himmlischen Vaters erlebte: Ich sah im Gebet in einem inneren Bild, wie ich als Baby in die Hände eines Vaters gelegt wurde. Da mein leiblicher Vater bei meiner Geburt nicht dabei sein konnte, wusste ich in der Tiefe meines Herzens, dass ich in diesem Augenblick nicht mehr alleine war, sondern als Baby in die Arme des himmlischen Vaters gelegt wurde." Die Kraft des Heiligen Geistes war zu diesem Zeitpunkt so real, dass sie ihn wie ein Strom mit der Liebe Gottes berührte und ihn ein tiefer Frieden erfüllte. Er war beim Vater angekommen! Und das wunderbare Ergebnis dieser Begegnung mit der Vaterliebe Gottes drückte er folgendermaßen aus: „Ich habe keine Angst mehr, Fehler zu machen, weil ich weiß, dass ich das Lieblingskind des Vaters bin!" Wollen Sie sich nicht aufmachen, der Vaterliebe Gottes zu begegnen? Sie ist die Quelle für ein Leben im kindlichem Gehorsam.

Josef wurde zu einem Vater einer ganzen Nation. Er lebte in der völligen Abhängigkeit von Gott und war bereit, an jedem Ort zu dienen. Gott hatte ihn erhöht. Selbst der Pharao hörte auf ihn und sagte: „Wie können wir einen Mann finden, in dem der Geist Gottes ist, wie in diesem?" (1. Mose 41,38). Josef wurde zu einem Segen über Ägypten hinaus und stillte den Hunger der Menschen aus vielen Nationen. Bei allem Erfolg und Segen konnte er jedoch seinen Vater nie vergessen. Er versöhnte sich mit seinen Brüdern, holte seinen Vater zu sich nach Ägypten und stellte seine Familienbeziehungen wieder her. Josef ist ein Beispiel für den überfließenden Segen, den der himmlische Vater auf kindlichen Gehorsam legt. Ich lade Sie ein, sich mit mir auf den Weg zu machen!

Eine Ameisengeschichte noch zum Schluss: Wissenschaftler haben entdeckt, dass sich Ameisen an glatten Oberflächen festhalten können. Sie ließen eine Ameise auf eine glatte Oberfläche krabbeln, steckten sie in eine Zentrifuge und stellten dabei fest, dass sie mit ihren Füßen das Zweihundertfache ihres Körpergewichts festhalten kann. Wenn Sie sich als Mensch mit Ihren Händen in einer Zentrifuge festhalten müssten, würden Sie mit Ihren Händen das Gewicht von sechs Mittelklassewagen halten können. Haben Sie Jesus erst einmal ergriffen und sind Ihre Hände mit seinem Blut der Gnade und Vergebung bedeckt, wird Sie nie wieder etwas aus der Hand des himmlischen Vaters reißen, denn:

„Denn ich bin gewiss, dass weder Tod noch Leben, weder Engel noch Mächte noch Gewalten, weder Gegenwärtiges noch Zukünftiges, weder Hohes noch Tiefes noch eine andere Kreatur uns scheiden kann von der Liebe Gottes, die in Christus Jesus ist, unserem Herrn." (Römer 8,38-39)